시크릿!
한국경제 성장엔진 5

시크릿! 한국경제 성장엔진 5

초판 인쇄 | 2013년 3월 27일
초판 발행 | 2013년 4월 03일

저　　자 | 이인실
발 행 인 | 김영희
발 행 처 | (주)FKI미디어
기획·마케팅 | 신현숙
디 자 인 | 한동귀, 이소영, 이보림, 문강건, 이현주
편　　집 | 박지혜, 박진실, 민서영, 변호이
등록번호 | 13-860호
주　　소 | 150-742 서울 영등포구 여의도동 27-2
전　　화 | (출판콘텐츠팀) 02-3771-0286 / (영업팀) 02-3771-0245
팩　　스 | 02-3771-0138
홈페이지 | www.fkimedia.co.kr
E - mail | jipark@fkimedia.co.kr
I S B N | 978-89-6374-043-0
정　　가 | 15,000원

| 낙장 및 파본 도서는 바꿔 드립니다.
| 이 책 내용의 전부 또는 일부를 재사용하려면 반드시 FKI미디어의 동의를 받아야 합니다.

이 도서의 국립중앙도서관 출판시도서목록(CIP)은 e-CIP홈페이지(http://www.nl.go.kr/ecip)와 국가자료공동목록시스템(http://www.nl.go.kr/kolisnet)에서 이용하실 수 있습니다. (CIP제어번호: CIP2013001325)

시크릿!
한국경제
성장엔진

5
L C T L C
Labor Capital Technology Leadership Culture

이인실 지음

FKI 미디어

Contents

프롤로그
한강의 기적을 넘어 제2의 경제부흥을 이루려면　　　　　　　　　　9

성장엔진 하나.
Labor : 우수하고 근면한 노동력

배워야 산다는 민초들의 열의로 꺾인 문맹률　　　　　　　　25
가정경제를 책임진 딸들의 노동력　　　　　　　　　　　　　28
아버지들의 근면성과 노동시간　　　　　　　　　　　　　　　32
중동에서 낳은 '코리아 넘버원' 신화　　　　　　　　　　　　36
한국경제 성장의 밑거름, 뜨거운 교육열　　　　　　　　　　　39
국제학업성취평가가 높은 대한민국　　　　　　　　　　　　　43
교육의 힘을 믿는 해외유학 열풍의 나라　　　　　　　　　　　45

성장엔진 둘.
Capital : 신속한 자본 투입

내외자본이 총동원되다　　　　　　　　　　　　　　　　　　52
국가기간산업단지를 조성해 총체적으로 지원하다　　　　　　55
'하면 된다'로 완성한 경부고속도로　　　　　　　　　　　　　57

성장엔진 셋.
Technology : 기술의 진보

허리띠를 졸라매도 공장을 짓자	68
5개년계획에서 본격 태동한 과학기술인력	75
과학기술개발의 브레인, 한국과학기술연구원	78
민간 주도의 기술개발시대를 열다	82
기술력을 키워 국제기능올림픽대회를 제패하다	88
초고속 인터넷의 최강국	91

성장엔진 넷.
Leadership : 강력하고 실천적인 리더십

---

1. 선택과 집중   96
대한민국만의 차별화된 전략으로 승부하다	97
조선업을 선택하다	100
자동차산업을 선택하다	104
또 다른 선택, 반도체산업	109

2. 전략적 자원배분   115
19년 만에 산업화를 달성한 대한민국	116
도시의 성장을 뒷받침하는 기반시설을 갖추다	119
인위적인 자원배분전략의 공功과 과過	121

Contents

3. 개방과 수출촉진정책　　　　　　　　　　　124
수입대체전략에서 수출지향전략으로 전환　　　125
"수출만이 살 길이다" 전 국민이 한마음으로 외치다　　129

4. 중화학공업 육성　　　　　　　　　　　　133
중화학공업 육성정책, 왜 시작했나?　　　　　134
1973년, 본격적인 중화학공업 육성정책의 시작　　136
다른 나라의 공업화전략과 차별화된 특징적 현상　　138

5. 새마을운동, "잘살아 보세"　　　　　　　140
전국적으로 일어난 신바람, '하면 된다'　　　　141
농촌을 환골탈태시키고, 도시와 공장으로 번져 나가다　　143

6. 적절한 시기의 세계무대 신고식　　　　　146
대한민국, 서울올림픽으로 세계무대에 등장　　　147
서울올림픽, 한국경제 성장에 크게 기여하다　　　150

7. 강력한 리더십　　　　　　　　　　　　152
카리스마 지도자, 박정희　　　　　　　　　153
우향우 정신의 철강왕, 박태준　　　　　　　157
도전하는 창조경영의 달인, 정주영　　　　　162
투철한 기업가정신의 본보기, 이병철　　　　167

성장엔진 다섯.

Culture : 한민족 특유의 문화와 DNA

1. 압축성장의 비결, '빨리 빨리' 문화 173
외국인이 뽑은 한국인의 '빨리 빨리' 베스트 10 174
빠른 변화 추구의 산물은 세계 최고의 휴대전화 178
21세기 승자의 길, 스피드 경영 183

2. 신바람 문화 189
기업경영 측면에서 신바람이 가지는 의미 190
2002 월드컵 길거리 응원, 전 국민이 하나가 되다 194
음주가무에서 찾은 한강의 기적을 일으킨 비밀 199
한류의 대표주자 K-POP, 흥과 신명의 난장 203

3. 젓가락 문화 208
산업현장 곳곳에서 빛을 발하고 있는 한국인의 뛰어난 손재주 209
클래식 연주와 의술 강국의 비밀 214

4. 대외지향성 218
말 타고 달리며 미지의 세계를 개척하는 유목민의 DNA 219

에필로그
오케스트라 연주처럼 함께 만든 성장신화 222

● ● 일러두기
1. 이 책에서 각종 인용 자료의 표기는 다음과 같이 통일했다.
　　단행본 『』, 연구보고서 및 논문 「」, 잡지, 신문 ◊, 곡명, 영화명, 프로그램명, 게임명 〈〉, 신문기사 외 기타 인용문 " "
2. 본문 중 인명, 지명, 기업명, 단체명 등 고유명사는 오른쪽 위첨자로 맨 처음 나올 때만 영문을 병기하고 그 외 인용문의 원문이나 용어 설명 등의 경우 용어가 끝나는 부분 바로 뒤에 괄호로 영문을 병기했다.

한강의 기적을 넘어 제2의 경제부흥을 이루려면

빨간 티셔츠를 입고 시청 앞에서 월드컵 경기를 보면서 외쳤던 "대~한민국" 소리가 지금도 귀에 쟁쟁하다. 독일 '라인강의 기적'에 견주어 '한강의 기적'이라고 부르며 자부심을 가졌던 20년 전과는 또 다른 차원에서 한국경제는 지금 힘차게 행군하는 중이다. 한국경제는 가발, 합판산업에서 시작해 조선, 철강, 자동차, 냉장고, 텔레비전 제조산업에 이어 영화, 음반, 골프와 같은 소프트산업으로 쭉쭉 뻗어나가고 있다.

한국경제, 세계사에 없던 독보적인 성장을 시현하다

경제계획을 제대로 시행하기 시작한 1960년부터 2011년까지 한국경제의 실질 GDP는 34.5배 늘었다. 세계 GDP가 같은 기간 6.6배 늘어난 것에 비하면 경이적인 기록이다. 세계 역사상으로도 이 기록은 당분간 깨질 것 같지 않다.

2011년을 기준으로 한국은 두 개의 세계적인 '1조 달러 클럽'에 가입했다. 인구가 5,000만 명인 국가임에도 총경제규모가 1조 달러를 넘어섰고, 총무역량규모도 1조 달러를 넘었다. 숫자를 가지고 이야기하는 것이 무슨 의미가 있는가 싶겠지만 사실 경제규모는 경제운용에 큰 의미가 있다. 1조 달러 클럽에 속한 국가는 러시아, 캐나다, 인도, 스페인, 호주, 멕시코이다. 경제생산규모가 2~3조 달러인 나라는 독일, 프랑스, 브라질, 영국, 이탈리아 등으로 대부분 산업혁명을 일으킨 서구유럽 국가이다. 그 위에 있는 나라는 15조 달러대로 생산하는 미국과 7조 달러대의 중국, 그리고 6조 달러대에 가까운 일본이다.

1조 달러 클럽에 든다는 것은 중요한 일이다. 경제생산규모가 6조 달러대인 일본을 예로 들자면, 일본은 양말과 스타킹도 질이 좋다. 일본에서 파는 양말 한 켤레 값은 한국에 비해 3~4배나 더 비싸지만 발에 꼭 맞으면서 빛깔도 아름답다. 한국에서는 형형색색의 양말을 훨씬 싼 값에 살 수 있지만 시간이 지날수록 손이 가는 양말은 일본산 양말이다. 이 미묘한 차이는 어디에서 오는 걸까?

양말을 만들어 파는 사업자가 시장에서 살아남으려면 소득규모가 2만 달러는 넘어야 하고, 1억 명 정도의 인구가 있어야 한다. 똑같이 소득규모가 1인당 2만 달러가 넘는 국가라도 소비인구가 5,000만 명인 시장에서 만들어내는 물건과 1억 명 이상인 시장에서 만들어내는 물건은 시쳇말로 스펙이 다르다.

•• 주요국의 실질 GDP 추이(1960년=100) ••

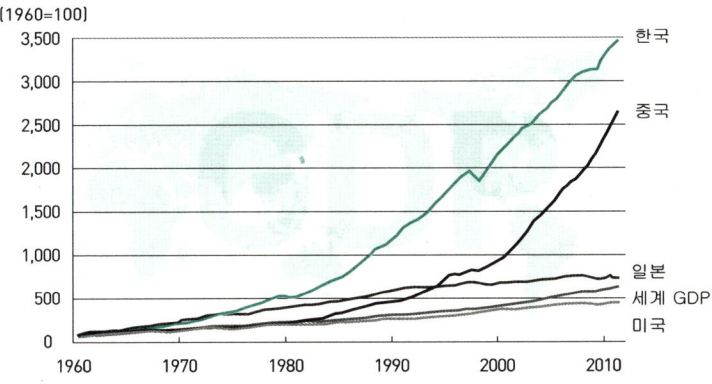

주: 1. 1960년 GDP=100으로 하여 각국 실질 GDP의 추이를 표시
2. Angus Maddison, Historical Statistics of the World Economy(2010); IMF, World Economic Outlook(2012.4) 참조

•• 주요국 GDP 성장세 추이 ••

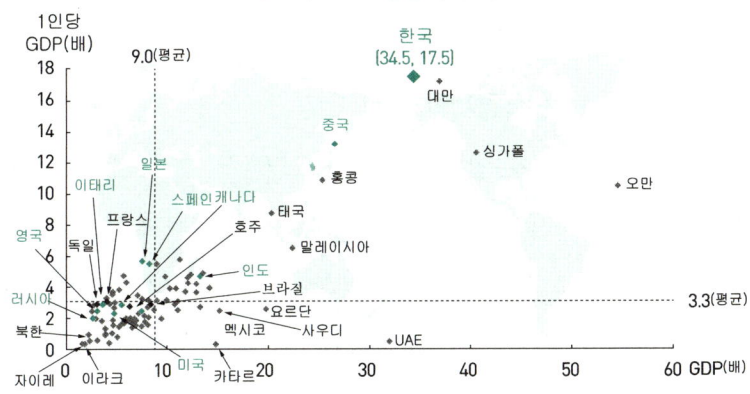

주: 1960년 대비 2011년의 GDP 규모 및 1인당 GDP. 2011년 실질 GDP가 100억 달러 이상인 112개 국가를 대상으로 함(요약)
Angus Maddison, Historical Statistics of the World Economy(2010); IMF, World Economic Outlook(2012.4) 등을 이용해 계산

프롤로그 11

1인당 국민소득 2만 달러 시대를 열다

우리나라가 두 개의 1조 달러 클럽에 든 것과 버금가게 의미 있는 일은 1인당 국민소득이 2만 달러인 시대를 열었다는 것이다.

구매력 평가에 의한 1인당 GDP 규모는 이미 3만 달러를 넘어섰고 일본과 거의 차이가 나지 않는다. 그러나 무엇보다 세계인이 대한민국에 찬사를 보내는 것은 그 '발전 속도'다. 1960년대 79달러에서 시작한 1인당 국민소득은 2011년 2만 2,489달러로 무려 17.5배 늘었다(실질 기준).

한국경제의 실질 GDP는 1960년 20억 달러에서 반세기 만에 1조 1,162억 달러로 34.5배 커졌다. 지난 50여 년간 세계에서 가장 빠른 성장세를 보인 것이다. 다른 어느 나라도 앞으로 이런 성장기록을 보여주기는 쉽지 않을 것이다.

외국인이 보는 한국경제의 발전 요인

노벨경제학상 수상자인 로버트 루카스(Robert E. Lucas) 교수는 1993년에 『이코노메트리카(Econometrica)』에 발표한 논문 「기적을 만드는 일(Making a Miracle)」에서 "1960년 이후 대한민국의 경제 성장은 어떤 경제이론으로도 설명하기 어려운 기적과 같다"라고 주장했다. 1960년대 초 대한민국은 필리핀보다 훨씬 낮은 경제수준에서 개발을 시작했지만 지금은 선진국 진입을 앞두고 있고, 필리핀은 아직도 하위 중진국에 머무르고 있다. 루카스 교수는 대한민국이 내생적 성장모형을 통해 인적자원의 개발과 활용으로 경제적 발전을 이루었다고 설명했다.

한국경제의 발전 요인을 좀 더 잘 이해하기 위해 경제학자인 앙구스 매디슨Angus Maddison의 설명을 보면서 세계 최고의 국가가 어떻게 발전했는지 살펴보자.

베네치아공화국은 11~16세기에 부국이었다. 뛰어난 조선기술을 개발해 상업으로 부를 축적했다. 포르투갈은 배 건조술과 항해술로 대서양에 진출해 1500년에 브라질을 발견하고 이후 300여 년간 남미에 식민지를 개척하며 최고 국가의 명성을 누렸다. 네덜란드는 아시아에 무역제국을 건설해 1600년과 1820년 사이에 1인당 소득이 세계 최고인 국가였다. 영국은 산업혁명을 일으키고 수송기술을 선도하면서 1760년 이후 세계 최대의 식민지를 만들며 '해가 지지 않는 나라'로 명성을 날렸다. 미국은 각종 문물과 인력이 들어오는 문을 활짝 열고 20세기 세계 최고의 선진국인 팍스아메리카나를 만들어 왔다.

G20 국가 중 금메달리스트로 대한민국을 꼽다

그렇다면 G20 국가 중 21세기에는 어느 나라가 최고의 국가일까? 미국의 대표적 투자금융회사 모건스탠리Morgan Stanley에서 신흥국 투자를 담당하며 세계경제의 방향을 통찰한 루치르 샤르마Ruchir Sharma는 그의 책 『브레이크아웃 네이션(Breakout Nations)』에서 한국이 2만~2만 5,000달러의 국민소득을 보이는 국가 중에서 금메달리스트라고 평가한다.

글로벌 경제구도가 급격하게 개편되는 가운데 신흥국가가 실패의 운명을 거스를 수 있는지를 분석하면서 '브레이크아웃 네이션(비슷한 소득수준의 나라 중 가장 빠르게 성장하는 나라)'으로 한국이 가장 가능성이 크다고 보았다.

한국경제가 세계 정상을 향하고 있다는 데 고개를 끄덕이게 하는 부문은 단연 수출이다. 1964년에 수출 1억 달러를 달성한 이후 대한민국은 1971년에 10억 달러, 1977년에 100억 달러, 1995년에 1,000억 달러, 2004년에 2,000억 달러, 2008년에 4,000억 달러, 2011년에 5,000억 달러로 수출의 벽을 넘었다.

1960년에 거의 0%에 가까웠던 세계 수출시장점유율은 1970년 0.3%, 1978년 1.1%, 1988년 2.2%, 1994년 2.8%에서 2011년 3.1%를 넘어섰다. 2009년 세계 9위 수출국으로 10위권에 진입한 이후 2010년 7위로 올라섰다. 제2차 세계대전 이후 수출시장 10위권에 새롭게 진입한 나라는 많지 않다. 석유를 많이 팔아 10위권에 든 사우디아라비아와 러시아를 제외하면 신규로 10위권에 든 나라는 한국, 일본, 중국이 아시아에서 유일하다.

인력의 해외진출도 활발하다. 우리나라의 국제이동인구는 2011년 기준 17만 명이다. 주요국들 중 4위에 해당하지만 전체 인구대비 인구이동 비율은 0.35%로 독일에 이어 2위다. 벨기에의 인구이동 비율은 0.35%로 우리나라와 비슷하지만 벨기에의 인구는 1,000만 명에 불과하다.

• • 우리나라의 수출금액과 세계시장점유율 • •

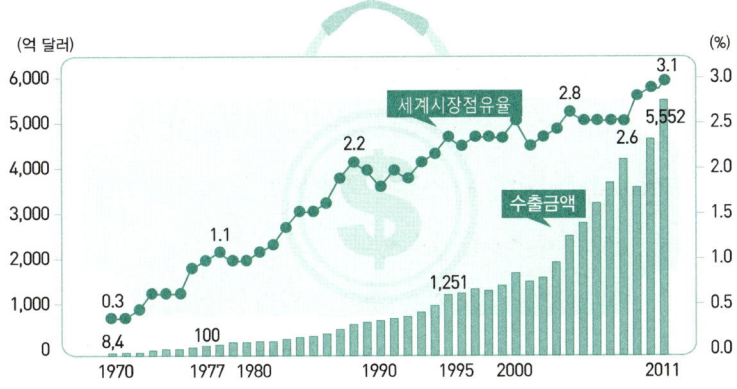

• • 주요국의 국제이동인구(1999~2010년 평균) • •

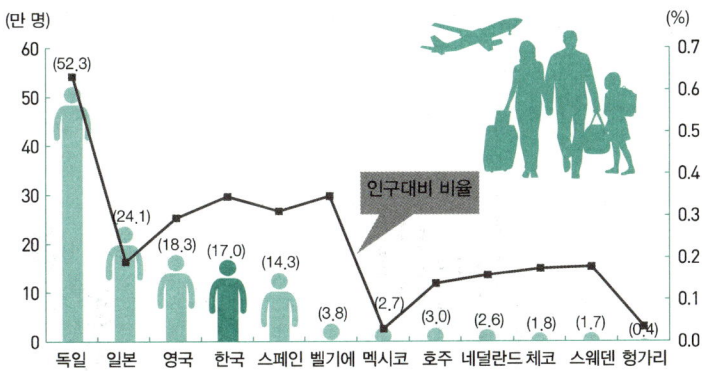

주: 1. 1999~2010년 동안의 연평균 이민자 수 기준, 인구대비 비율은 2010년 인구 기준
    2. 이민자 수에는 국적 변경뿐만 아니라 장기체류 등도 포함
자료: OECD, Key Statistics on Migration in OECD Countries(2012)

경제적 성장을 넘어 문화·체육 분야까지 뻗어 나가다

2000년쯤부터 우리 드라마가 중국, 일본, 동남아에 수출되었을 때, 얼마 가지 못할 것이라는 비관적 전망도 만만치 않았다. 하지만 2011년에 가요, 영화, 온라인게임 등 문화 콘텐츠 수출액은 42억 달러에 달해 수입액을 넘어섰다. 그뿐만 아니라 최근 싸이의 눈부신 활약으로 많은 이들이 K-POP에 관심을 가지게 되었고, 미국의 경제지 《포브스(Forbes)》는 이미 2008년에 세계를 휩쓸 트렌드 20개를 선정하면서 그중 하나로 K-POP을 주목했다.

경제적 성장은 경제력만 키운 것이 아니라 체력도 키웠다. 2002년 월드컵 4강 진출, 2010년 밴쿠버 동계올림픽 5위, 2012년 런던 올림픽 5위 등 대한민국은 스포츠 강국으로 부상했다. 1948년 런던 하계올림픽대회에 첫 출전한 이후 1976년 몬트리올 올림픽 레슬링 부문에서 첫 금메달을 땄고, 이후 1984년 메달 19개에 이어 매회 30여

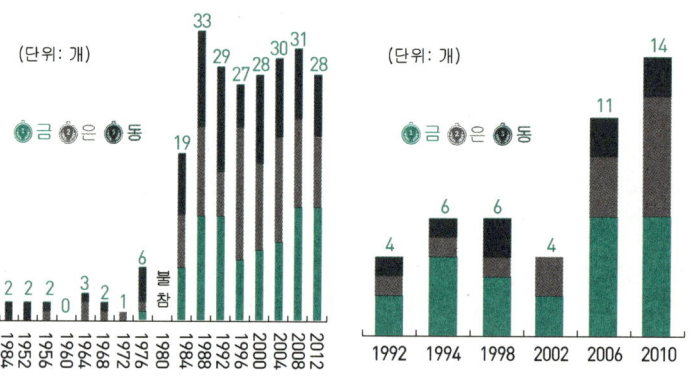

개의 메달을 따냈다. 상대적으로 고소득 국가만이 출전한다는 동계 올림픽에서도 1992년 프랑스 알베르빌에서 첫 메달을 딴 이후 최근에는 10개가 넘는 메달을 획득했다.

또 1988년 올림픽대회 개최, 2002년 세계 월드컵대회 개최, 2011년 대구 세계 육상선수권대회 개최 등에 이어 2018년 동계올림픽까지 유치했다. 전 세계에서 스포츠 4개 메이저대회를 개최한 국가는 독일, 프랑스, 일본, 이탈리아와 우리나라뿐이다. 스포츠 강국이란 말이 그냥 나온 얘기가 아니다.

대한민국 기업들의 눈부신 성장과 글로벌 기업들의 관심

브라질 출장을 다녀온 지인이 2012년 10월 브라질 상파울루에서 벌어진 이야기를 가감 없이 전해주었다. 브라질 자동차 매장에 현대자동차가 전략차량으로 출시한 HB20(현대와 브라질의 영문 약자를 딴 프로젝트명 HB에서 따온 이름)만 보이고 다른 차량은 보이지 않았다는 것이다. 출시 한 달 만에 주문량이 5만 대를 넘었는데, 이는 현지 생산 가능한 물량인 2만 5,000대의 두 배에 달한다. 세계경기 침체에서 브라질도 예외일 수 없는데 그야말로 빛나는 실적이다. 10여 년 전부터 사양산업이라는 자동차산업에서 전력질주해 세계 5위의 자동차 국가로 성장하면서 '메이드 인 코리아' 자동차가 세계를 점령하고 있는 것이다.

인도에서 출시된 자동차는 인도의 터번을 두루는 풍습에 맞추어 허리를 꼿꼿이 펼 수 있게 천정을 높였고, 브라질에서는 덜컹거리는 비포장도로에서 차의 바닥이 땅에 닿지 않게 바닥을 높이고 엔진도 현지에서 구입하기 쉽고 싼 바이오에탄올과 가솔린 두 가지 연료를 번갈아 쓸 수 있도록 맞춤형 엔진을 썼다. 러시아에서는 혹한기에도 시동이 잘 걸리는 배터리를 장착했다.

성공은 거저 얻은 게 아니다. 각 나라의 실정에 맞도록 피나게 연구해서 나온 결과다. 브라질의 경우 경쟁사인 토요타자동차는 인도에서 팔던 모델을 약간 변형해 판 반면에, 현대자동차는 브라질 사정에 맞게 40개월을 연구팀이 밤잠을 자지 않고 연구해 만들었다고 한다. 비슷한 가격대의 차보다 브라질 사람들이 좋아할 옵션을 많이 넣고 연료도 브라질 정부가 세제 혜택을 주며 장려하고 있는 사탕수수에서 추출한 에탄올을 쓸 수 있게 만들었기 때문이다.

또 LG전자가 만든 구글 래퍼런스폰 넥서스4는 미국, 영국 등에서 판매된 지 30분 만에 매진이 되고 물량이 달려서 물건을 받는 데 3주나 기다려야 할 정도로 인기다. 고성능이면서 가격은 다른 휴대전화의 절반이라 인기가 좋다.

대한민국은 최근에 글로벌 기업들로부터 신제품의 '테스트베드Test-Bed'로 주목받고 있다. 까다로운 대한민국 소비자의 취향에 맞추면 세계 어디서나 통한다는 것이다. 《뉴욕타임즈(The New York Times)》는 대한민국의 소비자들이 글로벌 기업들의 신제품 개발 최종단계에서 중요한 역할을 하고 있다고 보도했다.

프랑스 화장품업체 로레알Loreal과 네덜란드 가전업체 필립스Philips, 일본의 니콘Nikon은 신제품을 세계시장에 내보내기 전에 한국 소비자들의 까다로운 기호와 수요를 바탕으로 제품을 시장에 낼지 말지를 결정한다고 한다. 그 이유는 우리나라가 표본대상으로 매우 적합하기 때문이다. 4,800만 명 인구의 절반이 수도권에 살고 있어서 신제품에 대한 반응을 취합하기가 유리하며, 이들의 소득수준은 3만 달러이지만 물건을 고르는 눈썰미를 비롯한 구입수준은 5~6만 달러인 선진국 국민들을 능가한다. 삼성이나 현대 같은 경쟁력 있는 기업이 만드는 질 좋은 제품과 민첩하고 효율적인 서비스에 익숙해서 수준 높은 반응이 나온다.

90%가 넘는 광대역 인터넷 보급률 또한 소비자 트렌드를 급속히 전파하는 데 한몫한다. 한 외국 화장품회사 사장은 한국인들이 요구조건도 많지만 불평이 매우 건설적이어서 제품 개발에 큰 도움을 준다고 이야기했다. 글로벌 게임업체나 카메라 회사들도 유럽이나 미국보다 시장규모는 작지만 수준 높은 사용자들이 많은 한국이 신제품을 테스트하기 좋다고 입을 모은다.

한국경제의 성장엔진은 무엇인가

그렇다면 1960년만 해도 아프리카 대륙의 케냐만도 못한 국민소득을 가졌던 나라가 이렇게 빨리 성장하게 된 원동력은 무엇일까?

우선 근면하고 우수한 노동력^{Labor}과 정부 주도의 내부자본과 외부자본^{Capital}을 총동원한 생산요소가 투입된 것을 꼽을 수 있겠다. 게다가 우리는 적극적인 R&D 투자로 생산성을 꾸준히 높여왔다.

역사상 지금처럼 인류가 물질적 번영을 구가한 시기는 없었다. 특히 2000년대 들어 높은 경제 성장률을 보이면서도 인플레이션은 낮게 유지되는 '골디락스 경제$^{Goldilocks\ Economy}$'가 전 세계적으로 펼쳐졌다. 많은 나라가 초고속 성장을 달성했고 경제전문가들은 저마다 낙관론을 펼치기에 바빴다. 신흥국들은 곧 중국의 반열에 오를 수 있을 것처럼 들떠 있었다. 그러나 10년도 못 가서 신흥국의 경제 성장에 가장 큰 역할을 한 유동성 팽창이 미국 주택시장의 거품을 키웠고, 2008년 글로벌 금융위기의 단초를 제공하기에 이르렀다.

세계 각국의 적극적인 정책공조로 위기가 잘 마무리되는가 싶었지만 곧 유럽 재정위기가 이어지면서 세계경제는 매우 불투명해졌다. 루치르 샤르마는 2022년을 바라보며 향후 10년 동안 혼란스러울 세계경제의 운명을 바꿀 국가로 대한민국을 최우선으로 주목했다.

그러나 우리나라의 경제전문가들은 루치르 샤르마와는 대조적으로 한국경제가 외환위기 이후 성장률이 서서히 하락하면서 저성장이 고착화될 조짐을 보이고 있다며 걱정 어린 시선을 보내고 있다. 외환위기 이전의 고용률 수준을 아직도 회복하지 못하고 있으며, 수출이 세계 7위로 올라서긴 했지만 서비스 부문과 내수시장이 아직도 장기 정체 상태에서 벗어나지 못하고 있다.

그럼에도 일본을 따라잡는 데 50년 동안 5%가 넘는 경제 성장률을 보인 타이완보다 우리나라가 훨씬 유리할 것이라고 보는 이유는, 바로 북한 때문이다. 북한이 있기 때문에 한국경제는 끊임없이 긴장할 것이다. 대한민국이 아시아의 독일이라고 평가받는 것은 북한 경제를 의식하며 1990년대 중반에 우리 제조업체들이 국제무대에서 서구 대형 브랜드들의 아성에 용감하게 도전하고 신흥국을 끈질기게 공략한 덕분이다.

우리는 이제 세계 제조업의 한계를 허물며 나아가고 있다. 향후 5~10년 이내에 '통일 한국'이 탄생한다면 한국은 시너지 효과를 거두며 세계에서 유일하게 경제 금메달리스트로 거듭날 것이다.

변화무쌍한 미래를 준비하는 데 지혜를 모으자

현재 세계경제가 당면한 문제는 짧은 시간 안에 해결하기 어렵다. 세계 대공황 Great Depression까지는 아니어도 이에 맞먹는 세계 대경기침체 Great Recession가 이어질 전망이다. 최근 각 나라 정책당국자들은 계속되는 저성장 구조의 고착화를 막기 위해 새로운 경제 방안을 고민하고 있다.

지난 2000년대, 10년 동안 신흥시장이 전반적으로 성장했고 성장속도도 급격했다. 그러나 이 시기에 생긴 성장에 대한 기대감은 지속적으로 이어지지 못하고 있고, 잘못된 기대감으로 인해 전 세계가 몸살을 앓고 있다.

대한민국이 최근에 국제무대에서 크게 조명을 받는 것은 희망적인 일이지만, 동시에 유성처럼 덧없이 자취를 감출 수도 있음을 주의해야 한다. 앞으로 성장속도가 둔화되고 변동이 커지면 각국과 기업의 성장률도 큰 편차를 보일 것이다. '바람이 불지 않으면 노를 저어라'라는 라틴어의 격언처럼 한국경제는 변화무쌍하게 다가올 미래를 준비하는 일에 새로운 지혜를 모아야 한다.

이 책에는 피원조국에서 원조국이 된 첫 번째 나라, 대한민국의 '경제 성장 비밀'과 눈부신 성장을 이룩한 한국경제 '원동력의 비밀',

그리고 세계적인 경제학자와 경제전문가들이 앞다투어 찬사를 보낸 대한민국 경제의 '성장엔진'을 다섯 개의 키워드로 정리했다.

이 키워드들이 세계경제에 몰아닥친 기존 경제질서에 대한 실망과 어지럽게 뒤엉킨 가치의 혼돈을 거둬내 한국경제와 나아가 세계경제의 새로운 질서를 모색해 주길 기대한다. 앞으로 한국경제는 더 나은 미래를 준비하기 위해 과거의 경험을 제대로 돌아보고 다시 한 번 뜻을 모아 힘차게 엔진에 시동을 걸어야 할 것이다.

성장엔진 **하나.**

Labor :
우수하고 근면한
노동력

대한민국의 성장신화를 이끈 최고의 원동력을 꼽으라면 근면하고 우수한 노동력Labor을 빼놓을 수 없다.

로버트 루카스 교수는 1993년에 학술지『이코노메트리카』에 노벨상 수상 기념 논문을 발표하면서 '1960년 이후의 한국경제 발전은 어떤 경제이론으로도 설명이 어려운 기적과 같은 일'이라고 했다. 이후 루카스 교수는 한국의 이러한 기적이 인적자본을 활용하여 이룬 것임을 내생적 성장모형Endogenous Growth Model을 사용해 설명했다.

경제 성장은 한 번에 이루어진 것이 아니라 여러 단계를 거쳐서 시대적 상황에 맞게 가장 한국적인 방법으로 대처해 나온 결과다. 해방 이후 한국경제의 과제는 절대 빈곤의 해결이었다. 보릿고개를 넘기 어려운 상황에서 먹고사는 문제를 해결하는 것이 가장 시급했던 시절이었다. 이에 1962년 제1차 경제개발5개년계획을 시작으로 압축성장을 추진하면서 절대적 빈곤을 어느 정도 해결한 후에 도약을 위한 전환점을 마련했다. 이를 바탕으로 한국경제는 마치 기적과도 같은 성장을 이룩했다. 이것이 가능했던 이유는 우수하고 근면한 인적자본이 있었기 때문이다.

배워야 산다는
민초들의 열의로 꺾인 문맹률

우리나라는 글자를 읽을 수 있는 우수한 인력이 있었기 때문에 일본의 자본 착취와 한국전쟁으로 인해 물적자본이 고갈된 상태에서도 이미 준비된 것처럼 대내외자본을 동원해 성장이 가능했다.

우리나라의 문맹률은 사회주의 제도권을 제외하곤 최고로 낮은 수준이었다. 암흑기였던 일제 식민지 치하에서도 초등학교를 건설하여 문맹률을 낮추는 것이 온 국민의 관심사였다.

표학길 교수가 조선총독부의 자료를 활용해서 추계한 바에 따르면, 한일합방 직후인 1911년 한국의 취학연령 아동들의 서당 취학률은 10% 이내이다.[1] 이후에 조선총독부가 한국민을 달래기 위한 유화책으로 초등교육 강화시책을 시행하고, 한 자라도 배워야 산다는 민초들의 열의가 더해져 학교가 전국 방방곡곡에 세워지면서 초등학교 취학률은 1921년 17.7%에서 1931년에는 19.7%, 1942년에는 48.3%로 급격히 높아졌다.

---

1) Pyo, Hak K., "A Dynamic Long-term Profile of Educational Attainment in Korea (1910-2010)", Discussion Paper, Center for Economic Institutions, Hitotsubashi University, 2012

경제 성장에 있어서 좋은 평가를 받지 못하고 있는 이승만정부도 좌우가 분열되어 국가가 혼란스러운 상황에서도 문맹퇴치운동만은 꾸준히 전개했다. 정부재정이 부실해서 적자인데도 1948년부터 1950년까지 한글학교와 공장학교를 중심으로 문맹퇴치운동을 벌였다.

그 결과 1945년에는 문맹률이 78%였으나 1948년에는 41%로 급격히 줄어들었다. 1950년 한국전쟁 동안에도 교육은 계속되었으며, 1953년에서 1955년까지 초등교육의 확산과 재정비정책을 지속적으로 추진했다. 이승만 대통령은 1960년에 대통령직에서 물러나기까지 초등교육을 더욱 확산하고 중등교육을 본격적으로 도입했다. 마찬가지로 표학길 교수의 통계에 따르면 초등학교 취학률은 1953년 59.6%에서 1960년 86.2%로 급증했다.

경북중학교 학생들과 함께한 이승만 대통령(1959.5.22, 연합뉴스)

중등학교 취학률도 해방 전인 1943년 4.8%에서 1953년 21.1%, 1960년에는 33.3%로 급증했는데, 이승만정부가 재정적인 어려움과 남북대치라는 정치적 혼란 속에서도 초·중등학교를 새로 짓고 확충하는 데 우선순위를 두었기 때문이다. 정부차원에서 이뤄진 문맹퇴치운동은 오늘날 한국경제의 경이적인 성장에 밑거름이 되는 인적자본이 되었다.

남미 국가들이 그 풍부한 자원을 가지고도 선진국 문턱에서 무너진 것은 높은 문맹률과 무관하지 않다. 우리나라는 글자를 읽을 수 있는 우수한 인력이 있었기 때문에 일본의 자본 착취와 한국전쟁으로 인해 물적자본이 고갈된 상태에서도 준비된 것처럼 대내외자본을 동원해 성장이 가능했던 것이다.

이후 들어선 박정희정부도 국민에게 의무교육만큼은 꼭 수행하겠다고 약속했다. 5개년계획을 수립하고 대대적으로 학교를 세우며 교실을 늘려 나갔다. 한국전쟁 후 베이비붐으로 아이들이 계속 폭발적으로 늘어나 교실이 부족해 3부제 수업, 심지어는 4부제 수업까지 등장했다. 그럼에도 정부는 열악한 환경을 극복해 나가며 교육에 대한 지속적인 투자로 우수한 인력을 만들어 갔다.

가정경제를 책임진
딸들의 노동력

> 산업화시기에 부모들을 대신해 공장에 나가 일한 여성인력들, 그들은 현재 쪽방의 원조라고 할 수 있는 방 한 칸에서 여러 명이 같이 살며 절약해 고향에 계신 부모님의 생활비와 동생들의 학비를 보탰다.

한국의 우수한 노동력에 대해 이야기할 때, 1960년대 경공업을 일으킨 여성인력을 빼놓을 수 없다. 어려운 산업화시기에 부모들을 대신해서 딸들이 공장에 나가 번 돈으로 동생들을 학교에 보냈다고 해도 과언이 아니다.

1960년대 초 우리 경제는 거의 파산상태였다. 당시 정부는 주로 경공업제품을 수출해서 국가위기를 극복하고자 했다. 그 때, 여성근로자들이 나섰다. 부모 곁을 떠나 공장에서 일한 여성근로자들의 나이는 15~16세였다. 딸자식은 바깥 구경시키지 말고 집에 데리고 있다가 시집보내야 한다는 통념을 박차고 가정경제를 책임지겠다고 나선 것이다.

이들은 매일 반복되는 고된 일을 하루 10시간씩 했고 향학심도 높았으며, 암산에 능해 작업능률이 높았다. 손재주도 좋아 재봉일을 해도 실수가 적었고 눈이 좋아 장시간 세밀한 작업을 너끈히 해냈다. 회사나 정부에서 설정한 목표량 달성을 여성근로자들은 스스로의 일처럼 생각했다.

그런데 1965년 지불한 임금을 보면, 제조업의 경우 시간당 임금이 가장 높은 일본이 56센트이고 그 다음 필리핀이 22센트, 태국이 20센트, 대만이 19센트인 데 비해 우리나라는 10센트였다. 우리 노임에 비해 일본이 5.6배, 필리핀이 2.2배, 태국이 2배, 대만이 1.9배나 높았던 것이다. 이 노임은 도시에서 젊은 여성 한 명이 먹고살기에도 절대적으로도 적은 금액이었다. 그런데도 여성근로자들은 방 한 칸에 여러 명이 같이 살며 돈을 절약해 고향에 계신 부모님의 생활비와 동생들의 학비에 보탰던 것이다.

1964년 방직공장 여공들의 예를 들어보자. 당시 여공들의 평균 월급은 3,440원이었는데, 당시 쇠고기 한 근이 129원, 연탄 10개가 76원이었다. 문제는 쌀값인데 20리터 한 포대가 593원이었다가 그해 쌀값이 폭등해서 904원으로 54%나 올랐다. 정부가 나서서 단속을 해 다시 500원대로 내려가긴 했지만, 20리터짜리 쌀 6포대가 안 되는 월급을 아끼고 아껴 부모님께 송금하고 추석 때가 되면 당시 최고의 선물인 '라디오'를 사서 고향집에 다녀오곤 했다.

이후 이들의 기술 숙련도가 더욱 높아진 1970년대쯤 되어서는 일류 기능공이 되어 월급이 1만 325원이나 되었다. 20리터짜리 쌀 15포대 정도의 급료를 받게 되었던 것이다. 7년 사이에 여공들의 월급이 몇 배 오르면서 여공들의 경제적 자립도가 높아졌고 그 돈으로 동생들 학비도 대주고 집안 살림살이에 보탬이 되었다.

직조공장의 여성근로자(1957.6.19, 연합뉴스)

당연히 동네에서는 "딸자식이 효녀네. 아들보다 낫네"라는 말이 나왔다. 이런 일이 가장 보수적인 농촌에서 일어나다 보니 전통적으로 내려오던 남존여비사상은 자연스럽게 물러나고 남녀동등 관념이 싹텄다. 여성근로자들은 고향에 돌아가지 않고 도시 사람과 결혼해 도시에 정착했다. 그리고 무리를 해서라도 딸, 아들 가리지 않고 자식을 고등교육까지 시켰다.

이런 성향을 가진 1960년대 여성노동력이 있었기에 오늘날 훌륭한 2세들이 자랑스런 대한민국을 건설할 수 있었던 것이다. 무엇보다 한국경제는 1960년대의 여성노동력을 바탕으로 1964년 수출 1억 달러, 1967년 수출 3억 달러, 1970년에는 수출 10억 달러를 달성할 수 있었다. 이처럼 경제적으로 파산상태에 있었던 1960년대의 우리 경제가 경공업 제품을 직접 생산해 수출로 이어지는 데 여성노동자들이 커다란 역할을 했다. 하마터면 파산할 지경까지 갔을 한국경제를 이렇듯 훌륭한 우리네 누이들이 구해준 것이다.

아버지들의 근면성과
노동시간

우리 아버지들은 가족을 위해 새벽별을 보며 출근해 저녁달을 보고 퇴근했다. 이런 장시간 노동이 일자리 문제와 맞물려 지금은 바뀌어야 할 대상이 되었지만, 산업화 당시에는 경제 성장의 추진력이었다.

우리 아버지들 세대는 대부분 가족을 위해 새벽별을 보며 출근해 저녁달을 보고 퇴근했다. 이런 습관은 이어져 우리나라의 연간 근로시간은 2010년을 기준해 2,193시간으로 OECD 국가 중 긴 나라에 속한다. 최근에는 저출산과 고령화, 주5일제 근무 등으로 노동시간이 줄어들고 있다. 10인 이상의 직원을 둔 제조업체 기준으로 1987년에는 주당 근로시간이 54시간에 초과 근로시간이 9.6시간이었다. 2011년에는 주당 근로시간이 44.5시간, 초과 근로시간은 6.9시간으로 나타났다. 이런 장시간의 노동은 일자리 문제와 맞물려 이제는 바뀌어야 할 대상이 되었지만, 산업화 당시에는 경제 성장의 추진력이었다.

1960년대 열악한 환경에서 일한 여성인력에 못지않게 남성인력도 한국경제 성장에 일조했다. 1970년대 들어서자 여성노동자에게 큰 변화가 생긴다. 수출이 기하급수적으로 늘면서 공장들이 우후죽순

•• 주요국의 연간 근로시간 비교 ••

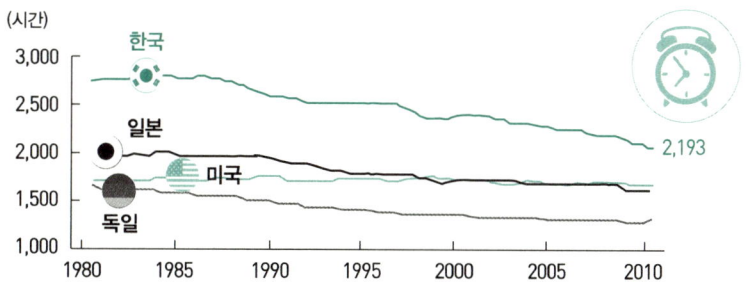

자료: OECD, 1인당 연간 근로시간, 제조업 기준

늘어났고 여성인력 수요에 비해 공급이 부족해지면서 소위 '스카우트'라는 현상이 발생했다. 따라서 그 전까지는 낮은 수준이었던 여성근로자의 임금이 변화의 시기를 맞아 일본을 제외하고 동아시아 다른 어느 나라보다 높아졌다. 그러나 단순기능공이었던 여성인력이 경제 발전을 이루어 나가는 데는 한계가 있었다. 그리고 곧 한국 경제의 주력산업이 경공업에서 중화학공업으로 넘어가면서 남성노동력이 이들을 대체하게 되었다.

1960년대 여성인력과 달리 남성근로자들은 결혼과 육아로 직장을 그만두는 일은 없었다. 정년이 될 때까지 30~40년을 일할 수 있었다. 남성들은 가족에 대한 책임감이 컸고 가족을 위해 자신의 몸을 희생하는 것을 당연시하며 장시간 일하면서도 성실하고 유능했다. 시간이 흐를수록 생산성은 늘었고 월급은 올랐으며, 산업화가 가장 빠르게 일어나는 시기에 결정적인 역할을 할 수 있었다.

조선시대 말기에는 일본식민지시대의 좌절감 때문에, 해방 후에는 미국의 원조 때문에 경제력 면에서 남성들의 자존감은 낮을 수밖에 없었다. 그런데 1960~1970년대 산업화를 거치면서 한국경제와 남성근로자들이 이룬 성취와 실적은 그들 스스로 경제적 자존감을 갖는 데 충분한 바탕이 되었다.

하지만 한국의 남성인력이 처음부터 인기가 좋았던 것은 아니다. 한국 남성의 우수성을 집단적으로 증명하게 된 것은 베트남에 우리 군인을 파병하면서부터다. 한국군의 월남 파병과 더불어 민간인들은 '단순기능직 노무자'로 전쟁터 후방에서 일하게 되었고, 점차 이들은 우수한 인력자원으로 자리매김했다. 주로 외국 업체에 고용되어 하역작업, 수송, 축항, 도로공사, 병원, 주택, 학교, 군사시설을 시공했다. 민간 회사에 근무해도 군대식 규율 속에서 생활했고, 상급자의 명령을 잘 따랐다. 힘든 일도 마다하지 않았고 책임 완수에 철저했다.

자동차 조립공장의 남성근로자

그래서 당시에 외국 회사들은 대한민국의 남성인력이 다른 나라 사람보다 머리가 총명하고 생산성도 높다며 한국인 고용을 늘렸다.

베트남에서 일한 대부분의 남성들은 현역군인이거나 군을 갓 제대한 근로자들이었다. 학력은 초등학교나 농촌 출신자들이 대부분이었고 외국엔 처음 나가보는 사람도 있었지만 성실한 일솜씨로 외국계 민간 회사에서 평가가 좋았다. 1968년 베트남으로 인력 진출이 최고조에 이르렀을 때는 1만 5,571명에 달했다고 한다. 이들 덕분에 우리나라 베트남 파견업체의 수는 79개에 달했다.

베트남에 파병된 군인까지 합쳐 최대 30~40만 명이 나가서 싸우며 일을 해서 얻은 것은 돈만이 아니었다. 그동안 일제의 식민지 지배와 전쟁 등을 거치면서 오랫동안 짓눌려 왔던 피지배의식과 열등의식에서 벗어나 스스로의 자질에 대해 새롭게 인식하고 자부심과 자신감, 그리고 용기를 갖게 된 큰 계기가 되었다. 이러한 자신감은 1973년 10월 시작된 제1차 석유파동이란 경제위기를 극복하는 데 큰 힘이 되었다.

중동에서 낳은 '코리아 넘버원' 신화

 한국 남성들이 중동으로 진출해 달러를 벌어들이면서 대한민국은 제1차 석유파동의 위기를 극복할 수 있었다.

1973년 경상수지 적자가 3억 88만 달러였는데 석유파동으로 인해 1년 뒤인 1974년에는 20억 2,270만 달러로 1년 사이에 17억 달러 이상 늘어났다. 1974년의 수출액이 44만 달러에 불과했는데, 20억 달러가 넘는 경상수지 적자가 발생해 국가적으로 큰 위기에 봉착했다. 이때 한국 남성들이 중동에 진출해 달러를 벌어들였는데, 이는 위기를 극복하는 데 큰 힘이 됐다.

이슬람 성지인 메카Mecca의 외항이자 사우디아라비아의 항구도시인 '제다Jeddah'에서 종교행사 관계로 긴박하게 도로를 놓아야 할 일이 있었다. 그러나 사막의 더운 기후에 공사를 책임지겠다고 나서는 업체는 없었다. 이 일을 우리나라의 '삼환기업'이 맡았다. 한국에서 건너간 근로자들은 밤새 횃불을 밝히며 일을 했다. 수많은 횃불이 밤이면 장관을 이루자 마침 그곳을 지나가던 사우디아라비아의 왕

파이잘^{Faisal}이 그 모습을 보고 감탄하면서 부지런하고 성실한 한국인에게 공사를 더 맡기라고 할 정도였다.

1976년에 현대건설이 사우디아라비아에서 '주베일 항만공사'를 수주했다. 무려 9억 4,000만 달러에 이르는 대형 공사라 국제적으로 화제가 되기도 했다. 항만공사였지만 철제구조물 건설을 주로 하는 대규모 플랜트공사였다. 전문기술인력이 많이 동원되어야 하는 어려운 공사였는데, 우리나라에서 건너간 남성인력들이 온갖 악조건을 뚫고 계약기간보다 빨리 완공해 우리 건설사가 세계적으로 인정받는 계기가 되었다.

이후 우리 기업과 근로자들은 이역만리 중동에서 사막의 모래, 무더위와 싸우면서 항만공사를 비롯해 건축, 통신, 전기공사 등 일찍이 해보지 못한 공사까지도 도전정신과 성실성, 부지런함으로 하나하나 극복해 나가면서 '코리아 넘버원'의 신화를 쌓아 갔다.

1974년부터 시작된 한국 남성들의 중동진출은 첫해 수주액이 2억 6,000만 달러였다가, 1975년에는 무려 226%나 늘어난 8억 5,000만 달러로 급성장해 나갔다. 그런데 일감이 늘어나는 만큼 기능인력을 댈 수가 없었다. 단순기능공이야 일을 시켜가면서 단시간에 훈련이 가능하지만, 설계도면을 쓸 수 있는 용접, 배관, 전기공사 등 기계조립이 가능한 기능사는 단기간에 양성하기 어려웠다.

1975년 당시 해외진출한 인원이 총 6,000명이었는데 당장 필요한 기능사 인원만 1,600명이었다. 부족한 기술인력을 보충하기 위해 정부는 공업고등학교 3학년 학생들을 대상으로 '중동진출 기능사 중점육성을 위한 시범공고^{示範工高}' 제도를 시행했다. 이 기술을 습득하기 위해서는 최소 800시간의 교육과 2년 정도의 현장실습이 필요했다. 할 수 없이 추가로 400시간을 더 교육받기 위해 당시 공고 학생들은 새벽에 등교해서 늦게까지 공부했다. 대부분 가난한 집안의 아들들이었는데 가정을 구하고 나라를 구한다는 심정으로 피땀 어린 노력을 기울여 단기간에 까다롭기로 이름난 기능사 2급 자격시험에 모두 합격했다. 이들은 2년이나 소요된다는 현장경험도 2개월 만에 마치고 바로 현장에 투입됐다. 그들의 작업복에 씌어 있는 글귀처럼 '조국 근대화의 기수'가 된 것이다.

　1965년에서 1981년까지 17년간 우리나라의 해외건설 수주액은 총 440억 달러나 되는데, 그중 중동에서 벌어들인 것이 411억 달러로 94%에 달했다. 1970년대의 경상수지 적자는 그야말로 대한민국 남성인력의 중동진출로 메웠다고 해도 과언이 아니다.

한국경제 성장의 밑거름,
뜨거운 교육열

대한민국의 놀라운 경제 성장에는 우수한 인적자본을 만들어낸 교육이 중추적인 역할을 했다. 내세울 만한 자원이 없던 우리로서는 유일하게 기댈 만한 게 바로 교육을 통한 인재 양성이었다.

세계적인 석학들이 2차 세계대전 이후 식민지 국가에서 해방되어 전쟁을 겪으면서도 가장 빠른 성장을 이룬 한국에 관심을 가지는 것은 당연해 보인다. 『문명의 충돌(The Clash of Civilizations and the Remaking of World Order)』로 유명한 새뮤얼 헌팅턴Samuel Phillips Huntington도 『문화가 중요하다(Culture Matters)』라는 그의 저서에서 한국이 경제적 발전을 이루는 데 커다란 기여를 한 것이 '문화'라고 강조한다. 그중에서도 그가 특히 강조하는 한국인의 문화는 바로 '교육'이다.

1992년 노벨 경제학상 수상자인 게리 베커Gary Stanley Becker 또한 한국경제 발전의 동력으로 '교육'을 꼽았다. 시카고대학 경제학과 교수인 그는 2008년 '故 최종현 회장 10주기 추모 학술 세미나'에서 같은 이야기를 했다. "1970년대와 비교하면 한국의 대학교육 이수자는 미국이나 일본에 비해 폭발적으로 증가했는데, 이것이 한국의 경제 성장에 크게 기여했다"라는 것이다.

대학생의 경우 1980년에 64만 7,500명이었는데, 2008년에는 360만 명으로 6배 가까이 증가했다. 고등학교 졸업자의 대학 진학률은 세계에서 가장 높은 수준인 80% 이상이다. 대학 졸업률도 미국의 41%보다 더 많은 63%다. 2010년의 경우 고등학교 졸업자 100명당 79명이 대학에 진학하는 것으로 나타났다. 이와 함께 2010년 기준 우리나라의 박사학위 취득자 수는 1만 1,093명에 달한다.

한국전쟁 이후 인구가 급속히 늘어난 이유도 있지만, 온 국민이 자식들 학교 보내기 열풍을 벌인 탓이 크다. 옛날부터 우리 부모들은 밥은 굶어도 자식들 학교는 보내야 한다고 생각했다. 필자의 집만 해도 방이 세 개인 집이었지만 입시를 앞둔 자녀의 공부환경을 마련해야 한다는 어머니의 원칙에 돌아가며 독방을 받았다. 형제가 넷이나 되는데 중학교, 고등학교, 대학교 입시를 앞둔 자녀가 독방을 쓰다 보니 나머지 형제들은 다 같이 한방에서 잘 수밖에 없었다. 독방에서 특별대우를 받으니 겉으로라도 공부를 안 할 수 없었다.

이처럼 한국의 놀라운 경제 성장에는 우수한 인적자본을 만들어 내는 교육, 그리고 교육열이 중추적인 역할을 했음을 부정할 수 없다. 해방 후 정부와 교육기관은 우수한 인재를 양성하고자 많은 노력을 기울였고 온 국민은 배우고자 하는 열망을 불태웠다. 내세울 만한 자원이 없던 우리나라로서는 유일하게 기댈 만한 게 바로 교육으로 인재를 양성하는 것이었다.

이러한 교육열은 한국전쟁조차도 막지 못했다. 당시, 정부는 전쟁의 포화 속에서도 부산, 광주, 전주, 대전 등에 전시연합대학을 설치해 교육을 이어갔다. 이는 세계 교육사상 유례가 없는 일이다. 아무리 교육이 중요하다고 해도 목숨을 다투는 상황에서는 뒤로 미뤄지기 마련이다. 하지만 우리나라 교육열은 식지 않았다. 이 놀라운 광경을 두고 《뉴욕타임스》는 당시에 이렇게 보도했다.

> "남한에서는 정거장, 약탈당한 건물 안, 천막, 묘지 등에서까지 수업을 하고 있다. 어느 시골에 가도 나무 밑에 학생들이 모여 앉아 나무에 흑판을 걸고 책을 돌려가며 공부하고 있다."

우리나라의 이러한 교육열은 '우골탑牛骨塔', '치맛바람', '기러기 아빠'라는 말을 만들며 계속 이어졌다. 우골탑은 가난한 농가의 부모가 자식의 대학 등록금을 소를 팔아 충당한 데서 나온 말이다. 치맛바람은 자녀에 대한 어머니의 과도한 애정이 교육계를 좌지우지하는 것을 말한다. 기러기 아빠는 1990년대 말에 조기유학 열풍에서 생긴 말로, 교육을 목적으로 부인과 자녀를 외국에 보낸 후 국내에서 홀로 생활하며 돈을 버는 아버지를 일컫는 말이다.

이처럼 한국의 부모는 자식의 교육이라면 모든 것을 희생했다. 2011년에 멕시코를 방문할 일이 있었는데, 멕시코에 사는 한국 교포들에게도 기러기 아빠 문제가 화두가 되고 있었다. 자식교육에 목숨을 걸다시피 하는 한국 부모들이 얼마 전까지만 해도 미국으로 아이들을 유학 보냈는데 최근에는 한국으로 아이들을 유학 보내고 아빠 혼자 멕시코에 남아 생활비와 학비를 버는 '신형 기러기 아빠족'이 생겨나고 있다는 것이다.

그러나 한국 부모들의 교육열에 대해 긍정적인 평가만 있는 것은 아니다. 과도한 교육열에는 분명히 문제점도 존재한다. 김난도 교수가 『사치의 나라 럭셔리 코리아』에서 지적한 것처럼 한국 부모들이 '계급에 민감하고 신분상승의 욕망이 강한 탓'일 수도 있다. 교육열이 지적 탐구나 학문에 대한 숭상이라기보다는 신분상승의 열망에서 비롯된 것이라고 볼 수도 있다.

세계 어느 오지에 정착하더라도 한국의 이민 1세들은 그들의 희생을 바탕으로 2세들을 교육하고, 후손들을 그 사회의 주류에 편입시키려고 한다. 산업화 초기에 우리의 누이들은 수많은 가발공장과 봉제공장에서 머리카락에 고리를 걸어 꿰매 생긴 봉급을 아끼고 아껴 공부 잘하는 동생을 대학에 보냈다. 동생이 훌륭한 사람이 되고 대학생이 된 것에 비하면 자신의 어려움은 아무것도 아니라고 생각했다. 이 신앙과도 같은 신분상승을 향한 열망을 바탕으로 우리는 짧은 기간 동안 놀라운 경제 성장을 이루어 냈다.

일부 부정적 평가가 있긴 하지만, 이런 맹렬한 교육열이 있었기에 우수한 인재 양성이 가능했고, 실제로 인재들은 근대·산업화 과정에 많은 기여를 했다. 이와 같은 교육열에 덧붙여 체계적인 교육을 받은 과학기술 인재들은 각 분야에서 뛰어난 성과를 냈고, 이를 바탕으로 한국경제의 초고속 성장이 가능했던 것이다. 산업 분야는 물론, 정치·경제·문화 분야 전반에 걸쳐 고등교육을 받은 인재들의 활약은 '한강의 기적'을 만드는 데 일조하기 충분했다.

국제학업성취도평가가 높은 대한민국

 세계적으로 우수성을 자랑하는 한국의 교육시스템과 교육열이 산업화시대에 커다란 성공을 가져다주었다는 사실은 부인하기 어렵다.

　우리나라 교육의 장점과 단점에 대해서는 의견이 분분하지만 분명하게 우리나라 교육이 세계 최고 수준임을 보여주는 지표가 있다. 바로 국제학업성취도평가(PISA, Programme for International Student Assessment)이다. 국제학업성취도평가는 경제협력개발기구(OECD)가 회원국을 포함한 60여 개 국가의 만 15세 학생(중3~고1)을 대상으로 실시하는 학업성취도의 국제 비교연구를 말한다. 전 세계 약 40만 명의 학생들에게 필수과목인 읽기, 수학, 과학 시험을 치르게 해 그 결과를 평가한다. 아래 자료는

•• 역대 한국 PISA 순위 ••

연도	읽기	수학	과학
2000	6위	2위	1위
2003	2위	3위	4위
2006	1위	1~4위	7~13위
2009	2~4위	3~6위	4~7위

주: 2006년부터 등수 대신 범위 표기
자료: OECD

우리나라가 상위권을 유지하고 있음을 말해준다.

우리나라 교육의 우수성을 입증하는 자료가 또 있다. 2012년 영국 피어슨그룹은 한국의 교육시스템이 세계 2위라고 발표했다. 피어슨그룹은 2006년에서 2010년 사이의 국제 학력 테스트 결과와 대학 진학률, 졸업률 등을 종합해 순위를 매겼다. 그 결과 '교육 강국' 핀란드에 이어 한국이 2위를 차지한 것이다. 뒤를 이어 홍콩, 일본, 싱가포르가 각각 3, 4위를 차지했다. 영국, 네덜란드, 뉴질랜드, 캐나다 등은 중상위권에 미국, 독일, 프랑스는 중위권에 머물렀다.

최근 들어 한국 부모들의 이기적인 교육열에 대해 자성하자는 소리가 높지만 세계적으로 우수성을 자랑하는 한국의 교육시스템과 교육열이 산업화시대에 커다란 성공을 가져다주었다는 사실은 부인하기 어렵다.

교육의 힘을 믿는
해외유학 열풍의 나라

> 우리나라 GDP 대비 교육비 지출은 8.0%로 OECD 평균이 6.2%이니 세계 최상위권이다. 우리보다 높은 나라는 8.1%인 아이슬란드뿐이다. 더군다나 이 비율은 공교육비만 계산한 것이다.

한국의 해외유학생 수는 2010년 기준 13만 7,000명이다. 중국이 63만 6,000명이고 인도가 22만 6,000명인 것에 이어 한국은 세계에서 세 번째로 많은 학생을 해외로 유학을 보내는 나라다. 중국이나 인도처럼 인구가 많은 나라와 비교하는 것은 적절치 않아 인구대비 유학생 비율을 계산해 보면, 단연 세계 최고다.

GDP 대비 교육비 지출은 8.0%로 OECD 평균이 6.2%이니 세계 최상위권이다. 한국보다 높은 나라는 8.1%인 아이슬란드뿐이다. 더군다나 이 비율은 공교육비만 계산한 것이다. 공교육비는 공사립 교육기관에 대해 정부와 민간이 지출하는 비용만 포함하는 것으로, 학원과 같은 사적 교육기관에 대한 지출은 뺀 것이다. 물론 사교육에 대한 지출이 많고 교육비가 높다고 교육의 질이 높은 것은 아니지만 새겨보아야 할 통계적 숫자인 것은 분명하다. 한마디로 우리나라는

•• GDP 대비 공교육비 비율 ••

(단위: %)

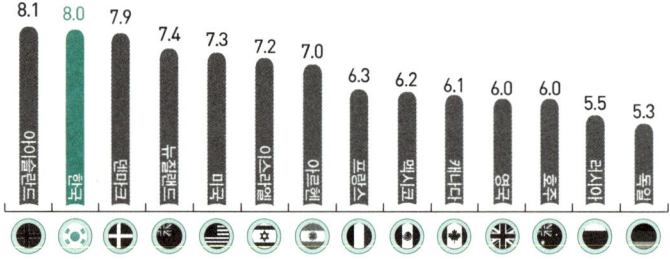

주: 공교육비는 공사립 교육기관에 대해 정부와 민간이 지출하는 비용. 학원 등의 사적 교육기관에 대한 지출은 제외됨
자료: OECD, Education at a Glance(2012)

•• 주요국의 해외 유학생 현황 ••

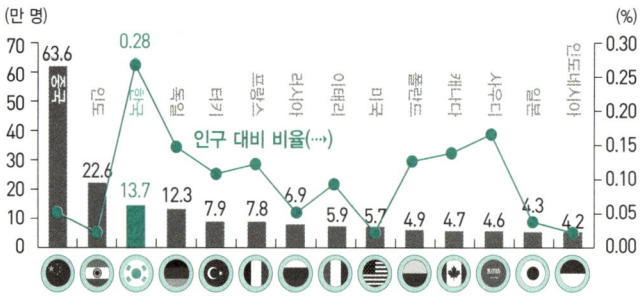

주: 2010년 기준, 인구 1천만 명 이하의 소국 제외
자료: OECD, Education at a Glance(2012)

교육의 힘을 믿는다는 것이다.

최근 삼성전자는 애플과 특허전쟁을 치르며 애플의 안방인 미국에서 인지도가 비슷해졌다. 세계적인 기업으로 발돋움하고 있는 삼성전자의 인재 확보 방법에는 남다른 점이 있다.

이병철 회장에 이어서 이건희 회장이 제일 중요시하는 것은 '인재제일'이다. 특히, 이건희 회장은 '천재급의 인재'를 강조했다. 그의 지론에 따르면 반도체 라인 한 개를 만드는 데 30억 달러가 드는데, 천재 한 명이 회로선 폭을 절반 줄이면 생산성이 높아져 30억 달러에 버금가는 효과를 낼 수 있다는 것이다. 그만큼 그는 인재 중의 인재인 천재급 인재를 중시했다.

실제로 삼성은 인재의 집합소로 불릴 만큼 국내외에서 내로라하는 인재를 대거 영입했다. 이건희 회장이 직접 인재를 찾아나서는 것에서 시작해 사장들 역시 인재를 확보하는 데 발 벗고 나섰다. 심지어 평가에 월별 핵심 인재 확보실적이 반영될 정도로 삼성은 인재 영입에 적극적이다. 삼성전자는 특히, 학연이나 지연에 얽매이지 않고 스펙보다는 실력을 중시하여 우수한 인재를 뽑았다. 그리고 세계 최고 수준을 자랑하는 교육 프로그램과 시설이 있는 삼성인력개발원에서 그들을 교육시켰다.

그렇다면 외국 기업에서는 삼성인력개발원을 어떻게 평가할까? 신현만의 『이건희의 인재공장』에 따르면, 2002년 이우에사토시井植敏 일본 산요Sanyo 회장은 삼성인력개발원을 방문하여 그 체계적이고 방대한 교육 프로그램을 접하면서 감탄사를 연발했다고 한다. 산요그룹은 삼성의 교육 프로그램을 배우기 위해 삼성인력개발원에서 분사한 인터넷 교육전문회사인 크레듀로부터 삼성의 경영교육 콘텐츠를 구입하기도 했다. 일본의 마쓰시타도 구입했다고 한다. 윌리엄 오벌린(William C. Oberlin) 보잉코리아(Boeing Korea) 사장도 삼성의 인재교육을 벤치마킹하기 위해 삼성인력개발원의 연수 프로그램을 살펴보고 책임자를 직접 면담하기도 했다.

이처럼 삼성이 세계적인 기업으로 성장한 데는 인재에 대한 과감한 투자와 교육이 큰 역할을 했음을 부정할 수 없다. 신태균 삼성인력개발원 부원장은 2012년 5월 16일 잠실체육관에서 열린 '열정樂서(삼성그룹 임원들이 전하는 희망의 멘토링. 내일을 향해 도전하는 젊은이와 몇 십 년 앞서 같은 길을 걸어온 인생의 선배가 만나 서로의 꿈과 고민을 나누는 장)'에서 이렇게 말했다.

"1년에 삼성 임직원 5만 명을 교육하고, 임원이나 사장도 모두 교육을 받는다. 국수 팔고 사이다 팔던 조그만 회사였던 삼성이 지금 세계적인 회사가 된 것은 바로 교육의 힘이다."

삼성은 국내는 물론 외국에서 전문가를 확보하는 것과 함께 공채로 뽑은 사원들을 대상으로 체계적인 교육을 받도록 했다. 이렇게 해서 삼성호에 승선한 인재들은 이건희 선장의 비전에 따라 자신의 역량을 마음껏 발휘했다. 현재, 글로벌 기업 삼성을 만든 일등 공신은 바로 우수한 인적자원이라 할 수 있다.

삼성인력개발원 신태균 부원장이 언론 인터뷰에서 한 말이 뇌리에 남는다.

'교육은 나를 바꾸고 회사를 바꾸고 나라를 바꾼다.'

성장엔진 둘.

Capital :
신속한 자본 투입

경제 성장을 이루는 데 필요한 또 다른 생산요소는 자본Capital이다. 우리나라가 고성장을 이룬 데는 신속하고 적극적인 자본의 투입 덕분이다.

구체적으로 어떤 생산요소가 얼마나 경제 성장에 공헌했는가를 숫자를 통해 보여주는 것을 '성장회계Growth Accounting'라고 한다. 성장회계 분석에 따르면, 동아시아국가들과 마찬가지로 대한민국의 빠른 경제 성장 뒤에는 자본 축적이 있었다. 1961년부터 2004년까지 45년간 전 세계 83개 국가의 1인당 GDP성장률이 평균 2.4%이고 선진국이 2.1%, 한국은 4.7%인데 이 중 2.9%가 자본 축적으로 성장한 것이다.

시대별로 차이가 있지만 경제개발5개년계획을 시작한 이후 정부는 매우 신속하게 자본을 투입했고 자본 투입은 곧바로 성장으로 이어졌다. 1970년대에 쌓은 자본이 경제 성장에 가장 많은 공헌을 했고, 다음이 1960년대와 1980년대이며 최근 들어서는 경제 성장이 매우 낮은 수준이다.

우리나라 자본 투입의 특징은 민간과 정부가 함께 노력해 이루었다는 점이다. 이런 점 때문에 서구의 학자들로부터 '한국주식

회사'라는 새로운 이름을 부여받기도 했고, 외환위기의 주범으로 지목받으며 '정경유착', '연고자본주의'Crony Capitalism' 등의 비아냥도 받았지만 그래도 이런 특징이 한국의 경제 성장을 이끄는 데 결정적 역할을 한 것만은 분명하다.

1964년부터 2004년까지 거의 반세기 동안 한국의 1인당 자본 축적 속도를 따라올 나라는 앞으로도 찾기 힘들 것이다. 그만큼 빠르게 자본을 축적했다.

로버트 루카스Robert Emerson Lucas, 앨리스 암스덴Alice H. Amsden, 에드워드 프레스콧Edward C. Prescott에 의해 한국의 압축적인 자본 축적에 대해 학술적으로도 평가가 내려진 바 있는데, 이는 '세계 경제사에서 하나의 기적일 뿐 아니라 세계 어느 개발도상국가도 이루어낼 수 없는 결과'라는 것이다. 최근에는 대런 애쓰모글루Daron Acemoglu와 제임스 로빈슨James Robinson에 의해 경제제도적 차원에서 긍정적 평가도 잇따르고 있다.

내외자본이
총동원되다

 정부가 자본의 조달과 배분과정을 주도하면서 경제 성장에 필요한 기간산업을 집중적으로 육성하고 사회간접자본을 확충해 나갔다.

    일본으로부터 해방되고, 1953년에 한국전쟁이 끝난 뒤 우리나라에는 자본이 없었다. 경제 성장의 마중물 역할을 할 초기자본이 턱없이 부족했다. 내부자본을 동원하기 위해 절약을 장려하고 저축운동을 전개해 나갔다. 하지만 질약해서 모으는 것은 한계가 있다. 그래서 대외개방을 통한 외국자본 도입을 적극 추진했다. 한때는 외국에 빚을 내서 경제를 운영하면 망한다는 '외채망국론'이 학자들 사이에서 대세를 이루었다. 틀린 말은 아니었다. 많은 나라들이 외채를 끌어다 쓰고는 갚지를 못해 파산하는 경우가 많았기 때문이다.

    그러나 우리나라는 다른 나라의 예는 물론이고 심지어 국내 경제학자들의 이런 예언을 보기 좋게 깨고 성공을 거두었다. 이런 기저에는 자본을 조달하고 배분하는 과정이 다른 나라와 달랐다는 점이 깔려 있다. 우리나라 경제 발전은 공업화 과정에서의 압축성이 우수했다. 그래서 자본 투입에서도 압축적 투입방법을 선택했던 것이다.

정부가 큰 그림을 그리고 선택과 집중에 의해 특정 산업에 자금을 몰아주는 방법을 택했다. 정부가 자본의 조달과 배분과정을 주도하면서 경제 성장에 필요한 산업을 집중적으로 육성하고 사회간접자본을 확충해 나갔다.

자본을 특정 산업에 원활하게 몰아주기 위해서 정부는 우선 정책금융기관을 육성했다. 1954년에 산업은행을 세워 장기자금을 정부의 신용으로 조달해 국내 기업에 공급했다. 민간자금을 효율적으로 유치하기 위해 1956년 대한증권거래소를, 중소기업에 대한 금융지원을 원활히 하기 위해 1961년에는 중소기업은행을 만들었다. 그리고 불특정 다수의 저축을 장려하고 돈을 모아 산업을 지원하기 위해 1962년에는 국민은행을, 기업들의 외환거래를 원활하게 하기 위해 1967년에 외환은행을 만들었다.

•• 시기별·부문별 경제 성장률 및 성장기여도 ••

	1970~1986	1987~1996	1997~2005		2006~2010	2011
				2000~2005		
경제 성장률	7.6	8.1	4.1	4.5	3.8	3.6
내수	7.8(6.7)	9.6(8.9)	1.8(1.5)	2.9(3.4)	2.6(3.0)	1.7(2.0)
소비	6.7(4.3)	8.2(4.7)	2.3(1.4)	2.8(2.0)	3.0(2.4)	2.2(1.2)
투자	11.5(2.4)	12.2(4.2)	1.0(0.1)	2.9(1.3)	2.3(0.6)	-1.1(-0.3)
설비투자	15.6(1.0)	12.4(1.6)	1.3(0.0)	1.1(0.7)	0.2(0.6)	3.7(0.4)
건설투자	9.7(1.4)	11.9(2.4)	0.3(0.0)	4.1(0.6)	6.3(0.0)	-5.0(-0.8)
수출(재화/서비스)	17.5(1.8)	10.9(2.4)	12.4(5.0)	10.6(5.1)	8.8(3.8)	14.7(5.0)
수출(재화)	19.5(1.5)	10.4(1.8)	14.6(4.8)	11.9(5.0)	9.0(3.4)	17.3(4.8)

주 : 괄호( ) 안은 성장기여도
자료 : 한국은행

박정희정부는 금융시장을 철저하게 통제했다. 이승만정부 시절에 민영화했던 은행을 다시 국유화해서 실물경제를 뒷받침하는 역할을 하게 했다. 부정축재법을 1961년 6월 20일 제정하고 1957년 불하되었던 은행주식을 정부에 귀속 조치했다. 특수은행은 물론 일반은행마저도 정부의 통제권 아래에 뒀다.

정부는 중앙은행 통제권도 강화해서 한국은행법을 개정하여 금융정책 수입에 있어서 정부가 주도권을 가질 수 있도록 금융통화위원회를 금융통화운영위원회로 개칭하여 기능면에서 정책수립이 아닌 정책을 운영하는 위원회로 격하시켰다. 이로써 세계적으로 가장 효율적인 자본조달과 배분은 가능하였지만 나중에 금융이 실물경제의 시녀로 전락하고 관치금융화했다는 등의 비판의 대상이 되었다.

국가기간산업단지를 조성해
총체적으로 지원하다

 경제 성장의 인프라로 작용하는 도로나 철도, 건설, 전력시설 등도 정부가 주도적으로 자금을 몰아주어 확충해 나갔다.

그뿐인가. 정부는 시너지 효과를 좀 더 집중적으로 높이기 위해 산업단지를 조성해 국가기간산업을 총체적으로 지원했다.

1962년에 울산공업단지를 만들었는데 정부가 땅을 고르고 산업단지를 만들어 기업들에게 싼 값에 분양하고 상하수도와 각종 인프라 시설을 제공해가며 집중적으로 육성했다. 결과적으로 울산공업단지는 한국 근대화의 상징이라고 할 정도로 성공을 거두었고, 현재 울산은 2000년 이후 전국에서 1인당 GDP가 가장 높은 지역으로 부동의 1위를 고수하고 있다. 2011년 1인당 GDP는 5,400만 원으로 전국 평균의 2.2배나 된다.

정부는 울산과 같은 공업단지 설립을 시행착오를 거치면서 만들어 나갔으며, 이어 전남 여천반도에 광양만을 끼고 종합석유화학공업을 육성하기 위해 집중적으로 자본을 투자해 여천산업단지를 만들었다. 1960년대 수출주도형 공업화를 하면서 섬유·봉제 산업을 위해 구로공단이나 부평공단과 같은 수출산업공단을 수도권에 만든 것도 같은 맥락이다.

정부는 석유화학, 비료, 조선소, 제철소와 같은 자본집약적인 기업을 주도해 만들었다. 해방 이후 단행된 토지개혁 과정에서, 지주에게 농지를 매수해 농민에게 나누어 주면서 농지값을 유가증권으로 지급했다는 것의 의미를 곱씹어볼 필요가 있다. 당시는 살기 어려운 때라 지주들에게 농지값으로 현금을 나누어주게 되면 그나마 만들어진 민족자본마저 생활자금으로 쓰일 가능성이 컸다. 그래서 이것을 산업자본화하려고 유가증권으로 나누어 준 것이다. 이렇게 의도적으로 자본을 축적해서 산업으로 흘러들어가게끔 노력했다는 이야기다.

국가기간산업을 육성하기 위해 1962년에는 울산공업단지를 만들었으며, 1965년에는 구로동에 구로수출공단을 만들었고, 1966년에 여천공업단지를, 1971년에는 구미에 전자공단을 만들었다. 공장뿐 아니라 대규모 자본이 필요한 기간산업은 정부가 주도적으로 만들어 나갔다. 1962년에 만든 석유공사, 1964년의 충주비료, 1963년의 호남비료가 그것이다. 이후 인천제철, 포항제철, 울산 미포조선 등의 자본집약적 기업을 정부가 주도적으로 만들어 나갔다.

마찬가지로 경제 성장의 인프라로 작용하는 도로나 철도, 건설, 전력시설과 같은 것도 정부가 주도적으로 자금을 몰아주어 확충했다. 1961년에서 1979년까지 20여 년간 전력시설은 36.7만Kw 생산에서 800만Kw 생산으로 무려 21.8배나 증가했다.

'하면 된다'로 완성한 경부고속도로

경부고속도로는 명실공히 대한민국의 경제 발전과 산업화의 대들보가 되었다. 경부고속도로가 최단 기간에 준공될 수 있었던 비결은 박정희 대통령의 불가능을 가능으로 만드는 '하면 된다'라는 군대식 속도전에도 있었지만, 한국인의 저력이 있었기에 가능한 일이었다.

한국경제 성장에서 가장 상징적인 사건은 경부고속도로 건설이다. 산업화의 젖줄이 된 경부고속도로는 시작부터 반대도 많고 말도 많았다. 지금은 경부고속도로 건설이 당연하게 생각되지만 과거에는 가난한 나라에서 길 닦는 데 지나친 재원을 낭비한다고 학계와 언론의 반대가 심했다. 공화당과 정부, 야당의 반대 역시 극심했다. 공화당과 정부는 시기상조이며 재정이 파탄난다고 우려의 목소리를 높였다. 야당에서도 철도 투자와 겹쳐 낭비이고 부유층을 위한 호화시설일 뿐이라며 불만을 터뜨렸다. 게다가 세계은행마저 고속도로를 건설하기에는 교통량이 적다고 부정적인 평가를 내렸다.

그러나 1970년 7월 7일, 경부고속도로 준공식을 치르며 박정희 대통령은 이렇게 말했다.

"고속도로 개통은 민족의 오랜 꿈과 숙원이 실현된 것이며 무한한 민족적 자신을 얻은 것이다. 고속시대는 이제 막 시작됐으며 조국 근대화 작업을 이 자신감으로 계속 추진하면 자립과 번영의 내일이 곧 다가올 것이다. 고속도로 개통은 산업발전이 첫째 목적이지만 더 중요한 목적은 우리 국민이 과연 어느 정도 민족적 에너지와 저력을 갖고 있는가를 테스트하는 데 있었다. 우리 민족은 무한한 민족적 저력과 강인한 의지력을 갖고 있는 것이 실증됐으며 아무리 어려운 일이라도 민족적 노력을 총동원하면 불가능이 없다는 자신을 얻었다."

단군 이래 최대의 토목공사라고 했던 경부고속도로 건설은 순수한 우리 기술과 인력으로 가장 싼 값에 빨리 만들어졌다는 점에서 뜻깊다. 1968년 2월 1일에 착공해 2년 5개월 만에 완공되었는데, 그해 국가 예산의 23.6%, 약 429억 원이 투입되었다. 16개 관련 업체와 3개의 건설공병단이 참여했고 연인원이 892만 8,000명에 이르렀다.

박 대통령은 1967년 4월 대통령 선거 공약으로 제2차 경제개발5개년계획 기간 중에 국토개발사업의 하나로 '경부고속도로 건설계획'을 내놓았다. 제1차 경제개발5개년계획이 끝나가면서 점차 수송화물이 대형화되고 양이 증가해가고 있었다. 철도 하나에 의존하기에는 많은 무리가 따랐다. 물자와 사람의 유통을 원활히 하고, 생산기지와 공장 그리고 공장과 소비자 사이를 오가는 시간을 단축시키기 위해서는 한국경제의 대동맥인 고속도로가 필수적이었다. 박 대통령은 현대건설로 하여금 최저 공사비로 428km의 왕복 4차선 경부고속도로를 단 3년 안에 건설하도록 요청했다.

당시, 3년 안에 경부고속도로를 건설하는 것은 국가적으로나 기업 입장에서나 모험이었다. 전문가들은 우리나라의 건설 관련 기술과 장비, 인적자원 면에서 볼 때 경부고속도로 건설은 16년 정도 걸린다고 보았다. 하지만 현대건설 정주영 회장은 예정보다 몇 개월을 앞당긴 2년 5개월 만에 경부고속도로를 완성해냄으로써 세상을 깜짝 놀라게 했다. 정주영 회장에게 경부고속도로 건설기간 단축은 선택의 문제가 아니라 생존의 문제였던 것이다. 정 회장이 기업가로서 살아남기 위해 선택한 것이 바로 '공사기간을 앞당기자'였다. 800만 달러치의 1,989대의 최신 중장비를 도입해 건설의 기계화를 시도했는데, 현재 세계적으로 각광을 받고 있는 우리나라 제조업이 세계의 벽을 허무는 시도가 여기에서부터 시작되었는지 모른다.

당시, 건설부에서도 경부고속도로 건설을 최단기간에 완성해야만 하는 절박한 사정이 있었다. 이에 대해 '살아 있는 시방서示方書'라고 불리는 최종성 전 건설부 차관의 이야기다.

> "당시 고속도로 계획은 제2차 5개년계획년도 안에 완성해야 제3차 5개년계획 때 이 도로를 이용한 경제계획을 세울 수 있었던 겁니다. 박 대통령이 원하던 기간 내에 건설해야 한다는 임무가 주원 건설부장관 이하 직원들의 가슴 속에 사명감처럼 와 닿아 있었지요. 또 다른 문제는 당시 중기를 다루는 업체가 30개사나 투입되었는데, 이 중기들은 모두 상업차관 5,000만 달러로 도입한 것들이어서 행정절차를 기다리며 놀릴 수가 없었습니다. 이자만 해도 어렵니까. 게다가 토목공사는 해빙기인 2월부터 5월까지가 최적기입니다. 우기도 없고 땅도 잘 파지거든요. 이런 이유로 주원 장관이 밀어붙인 겁니다."
>
> – 출처: 박정희 대통령 기념관 기념사업회(http://www.516.co.kr)

경부고속도로와 주변 광경(1976.8.10, 연합뉴스)

이처럼 경부고속도로는 조기 건설이라는 대과제 아래 공사가 진행되었다. 현장에 있던 정주영 회장은 간이침대에 잠깐 눈을 붙이면서 밤낮 없이 건설현장을 진두지휘했다. 정주영 회장의 전기『이 땅에 태어나서』를 보면 이때 그의 심정을 대변하는 글귀가 있다.

> "기업가는 이익을 남겨 소득과 고용을 창출하는 것으로 국가에 기여해야지 국가에, 사회에, 거저 돈을 퍼 넣는 자선사업가가 아니다. 공사비가 아무리 빠듯해도 기업을 경영하는 사람 입장에서는 어떤 경우에도 이익을 남겨야 하는 것이 원칙이다. 탈법도 부실공사도 해서는 안 된다. 그러면서도 이익을 남겨야 한다. 그렇다면 택할 수 있는 일은 역시 공사일정 단축밖에는 없다."

정주영 회장뿐 아니라 현장에서 일하는 노동자들의 희생과 열정이 큰 몫을 했다. 현장 노동자들은 한 달에 한 번 휴가를 가는 것 외에는 온 시간을 오로지 경부고속도로 건설에 바쳤다. 열심히 땀 흘리며 일하다가 반팔 옷을 갈아입으면 여름이었고, 다시 정신없이 일하다가 추워서 하늘을 보면 겨울이었다고 한다.

이렇게 해서 경부고속도로 건설은 순조롭게 진행되다가 준공 6개월을 앞두고 큰 난관에 부딪혔다. 충북 옥천 공구 당제터널의 암석이 무너져 하루에 2m 정도밖에 팔 수 없어서 공사가 지지부진했던 것이다. 이때 그냥 시멘트보다 스무 배 빨리 굳는 조강시멘트를 사용해 암석이 무너지는 것을 막고, 500여 명의 인부를 더 투입해서 공사 일정을 단축했다.

•• 경부고속도로 건설 연표 ••

1964.12.6~15	박 대통령 독일(서독) 방문, 고속도로 체험
1967.4.29	장충단공원 대통령선거 유세에서 고속도로 건설 공약
1967.5.3	제6대 대통령선거 박 대통령 당선
1967.11.14	정부·여당 연석회의 경인·경부 고속도로 건설 결정, 「국가기간 고속도로 건설 추진위원회」 및 「국가기간 고속도로 건설 기획조사단」 발족
1968.2.1	경부고속도로 서울-오산 간 기공식
1968.4.3	오산-천안 간 기공식
1968.9.11	대구-경주-부산 간 기공식
1968.12.21	서울-수원 간, 서울-인천 간 개통식
1968.12.30	수원-오산 간 개통식
1969.1.4	대전-대구 간 기공식
1969.9.29	오산-천안 간 개통식
1969.12.10	천안-대전 간 개통식
1969.12.29	대구-부산 간 개통식
1970.7.7	대전-대구 간 준공, 전 구간 개통식

출처 : 박정희 대통령 기념관 기념사업회(http://www.516.co.kr)

이로써 3개월 걸릴 공사를 단 25일 만에 마치는 데 성공했고, 결국 총 428Km 길이의 경부고속도로가 개통되었다. 경부고속도로는 전국을 1일 생활권으로 바꿔 놓았다. 서울과 영남 공업지역 그리고 인천항과 부산항의 2대 수출입항을 연결하는 대한민국의 경제 대동맥 역할을 해낸 것이다. 그토록 반대했던 언론도 불과 십 년 뒤에는 180도 바뀐 평가를 했다.

> "건설 초기 그 타당성 여부를 두고 국내는 물론 외국 기술진들마저 회의를 보여 상당한 논란을 벌였으나 10년이 지난 지금 논란이 있었다는 사실조차가 어색할 지경이다. 특히 경기-수원 간은 경인 고속도로와 함께 매일 같이 차량의 행렬로 붐비어 확장 내지 새 고속도로의 신설계획마저 관계 당국에 의해 구체화되고 있다."
>
> - 《동아일보》(1980.7.7)

1970년 준공 당시 경부고속도로의 1일 통행량은 1만 대에 불과했지만, 30년의 세월이 흐른 2009년에는 103만여 대로 104배나 증가했다. 경부고속도로는 명실공히 대한민국의 경제 발전과 산업화의 대들보가 되었다. 자동차 수가 극히 적었던 지난 1970년대에 경부고속도로를 건설한 것은 박정희 대통령의 선견지명을 보여준 사례라 할 수 있다. 이처럼 짧은 시간에 성공적으로 준공될 수 있었던 비결은 '하면 된다'라는 군대식 속도전에도 있었지만, 그야말로 한국인의 저력이 있었기에 가능한 것이었다.

성장엔진 셋.

Technology :
기술의 진보

한국경제를 성장시킨 힘은 기술Technology의 진보다. 같은 자본과 노동을 투입하더라도 훌륭한 기술을 가지고 만들면 몇 배의 효과를 낼 수 있다. 기술의 진보는 한국경제 60년을 이끌어 온 결정적인 힘이 되어 산업의 폐허에서 기간산업 육성의 불씨를 지폈고 고도성장을 이끌어 나가는 핵심 요소가 되었다.

유엔개발계획UNDP, United Nations Development Programme은 각 국가의 실질 국민소득, 교육수준, 문맹률, 평균수명 등을 여러 가지 지표로 평가해 인간개발보고서HDR, Human Development Report를 내고 있다. 이 보고서에 '기술성취도'라는 항목이 있다. 이 항목에 들어가는 '기술성취도지수TAI, Technology Achievement Index'가 있는데, 이는 신기술을 혁신해 확산시키면서 해당 국가가 가지고 있는 인적자원들의 기술이 얼마나 숙련되어 있는지를 총체적으로 판단한 종합지수이다. 2008년에 발간된 인간개발보고서에 따르면 한국의 기술성취도지수는 0.67로 일본과 미국 다음으로 높다.

해방 전까지 우리나라의 주요 기술들은 일본인들만 가지고 있었는데, 해방이 되고 일본인 기술자가 모두 철수해버리자 변변한 산업기술을 갖지 못했다. 이런 상황에서도 대한민국은 기술입국을 실현하고 기술성취도 최상위국으로 발전했다. 그게 어떻게 가능했는지가 최근 개발도상국가들이 한국을 방문하면서 한결같이 하는 질문들이다. 우리는 기술 발전의 매 단계마다 더 나은 기술을 습득하기 위해 노력했고, 혁신을 위해 모든 것을 바꾸어 나갔다.

우선, 해방 이후 1960년대 중반에 이르는 시기에는 다른 대부분의 개발도상국처럼 소위 '선진기술 추격$^{Catch-up}$' 과정을 밟았다. 아무것도 없는 폐허에서 우리나라는 이미 선진국에서 보편화되어 있는 기술을 한꺼번에 들여와서 소화하고 흡수해 내면서 동시에 우리의 기술로 창출해 발전해 온 것이다. 자동차를 처음 만들 때는 외국 자동차를 직접 사가지고 와서 수만 개로 분해하고, 다시 하나하나 조립해 가는 등의 시행착오를 거치면서 기술을 습득해 나갔다.

1960년대 후반부터는 공업화정책에 맞추어 스스로 기술을 만들어 낼 수 있는 기반을 만드는 데 주력했다. 외국에서 기술을 들여와 우리 기술로 흡수하고 발전시키기 위해서는 분야별로 전문적인 연구기관이 필요했다. 주로 정부가 중심이 되어 관련 법이나 제도를 만들었고 기술인력을 양성하기 위한 기반을 만들었다.

이 과정에서 집약적인 기술 축적이 가능했고 현장에서 바로 써먹는 기술도 만들었다. 기술로 성장의 한계를 극복하며 외국이 놀라는 제조업의 한계를 허무는 일이 시작된 것이다.

정부가 주체가 되어 이루어진 기술의 진보는 1980년대 들어 기술드라이브를 위한 기술진흥확대회의라는 기구를 설치하고 국가연구개발사업을 출범시키면서 확대·발전됐다.

초기에는 정부가 드라이브를 걸면서 다른 한편으로는 민간기업의 기술개발 능력을 높이기 위한 노력을 해나갔다. 주요 산업 기술의 국산화를 위해 민간에서 힘을 크게 보태기 시작했다. 시행착오도 많았고, 정부에 의존을 많이 한 민간기업은 쓰러지기도 했다. 그러다 1990년대 중반에는 그동안 따라잡고 베끼기에 급급했던 과학기술의 현실을 넘어서 우리 기술을 만들어 내는 단계로 올라섰다. TFT-LCD 기술이 세계적인 경쟁력을 확보하는가 하면, 이동통신기술은 세계시장을 선도하기 시작했다.

2013년 1월 30일, 마침내 대한민국은 나로호 발사에 성공하며 우주시대마저 열었다. 그동안 우리 과학기술은 경제 성장에 일정한 역할을 수행해 왔다. 우리의 우주개발 예산은 한 해 2,000~3,000억 원으로 3조 원이 넘는 일본의 10분의 1도 안 되었다.

그런 상황에서 이번 나로호의 발사 성공은 우주관련 기술 구축의 신호탄이 되었다. 국책연구소는 핵심 기술과 원천 기술을 개발하고, 민간에서는 위성과 발사체 제작을 맡아 우주개발 기술을 산업화해 나가면 국가경제의 새로운 성장동력 역할을 할 것이다.

허리띠를 졸라매도
공장을 짓자

1950년대에는 간단한 제품을 모방하는 생산에 그쳤다면 1960년에는 일괄기술 도입에 의한 공장 건설로 생산경험을 얻었다. 선진국에서 시설재를 도입하여 체화된 기술을 학습하고 점차 기술력을 키워나감으로써 독자적인 공장 건설이 가능해졌다.

한국전쟁이 끝나고 모든 노력은 전쟁으로 인한 피해의 복구와 경제재건에 집중됐다. 산업시설은 거의 다 파괴되어 원조에 의존해야 했다. 미국으로부터 원조받은 2억 달러로 국가 산업기간을 만들어 갔다. 이 대충자금(對充資金)[2]이 정부 투융자(投融資)에서 차지하는 비중이 1954년에는 41.4%, 1957년에는 68.5%에 달할 정도였다.

---

2) 제2차 세계대전 이후 미국에 의해 제공된 대외원조도입액을 수원국 정부가 원조의 증여분에 상당하는 액수의 자국통화로 특별계정에 적립한 자금이다. 미국의 대유럽부흥계획인 마샬플랜(Marshall Plan)에서부터 주목받기 시작했다. 대체로 적립금 중 5%는 전략물자 구입 또는 미국이 파견한 기관의 운영을 위해 사용되었으며, 나머지 95%는 미국의 동의 하에 수원국의 통화와 경제 안정을 위해 사용되었다. 한국의 경우 대충자금은 1950년대 경제를 지탱한 원동력이었다. 1965년까지 미국이 한국에 제공한 경제원조는 약 39억 달러였는데, 원조액 중 상당 부분은 물자의 공매 후 대충자금으로 적립되었다. 1951년 4월 정부는 이 자금의 관리와 운용을 위해 '대충자금운용특별회계법'을 제정했다. 대개 경제개발비, 전후복구비, 군사비 등으로 지출되었으며, 그 규모는 정부와 재정투자융자액의 재원 중 43.5~93%였다. 1957년을 기점으로 미국이 한국에 경제원조를 줄이면서 대충자금의 규모도 현저히 줄어들었다.

전쟁으로 폐허가 된 나라를 원조해 주는 것은 고마운 일이지만 미국 측 입장은 우리와 달랐다. 원조의 목적은 '기아와 질병의 해결'이었지 장기적 안목에서 우리나라가 산업으로 일어서도록 하겠다는 거창한 생각은 아니었다. 일례로 일본식민지시대에 있었던 비료공장은 다 북한에 있었고, 남쪽에서는 비료가 전혀 생산되지 않았다. 주요 원조 당사자인 미국은 한국에서 필요한 비료는 "대한對韓 원조자금으로 완제품을 공급해 주겠다"라는 식이었다.

우리 정부는 비료란 한 번 쓰면 없어지는 소비재인데 아까운 원조자금을 완제품인 비료 사는 데 쓰지 않고 당장 허리띠를 졸라매더라도 비료공장을 건설하기를 원했다. 당시 이승만 대통령이 미국의 원조정책을 사사건건 물고 늘어지면서 "산업화만이 우리의 살 길"이라고 강조하며 비료공장 건설을 주장한 것은 평가받을 만한 일이다.

비료공장 건설이 미국 측의 완강한 반대에 부딪히자 이승만 대통령은 국제연합한국재건단The United Nations Korean Reconstruction Agency의 원조계획을 활용하여 문경에 시멘트공장을 짓도록 했다. 기발한 발상이었다. 그렇게 해서 문경 시멘트공장이 건설되었다.

당시 남한에서는 하루 230톤을 생산할 수 있는 시설은 삼척 시멘트공장 하나뿐이었다. 삼척 시멘트공장은 1942년에 일본의 오노다小野田 사가 세운 것인데, 해방이 되고 일본인 기술자는 다 철수하고 잦은 기계고장과 원료난, 전기 부족 등으로 생산량이 급감했다. 더구나 한국전쟁으로 파괴되어 한동안 가동이 중단되었다가 1953년 국제연합한국재건단의 원조자금으로 보수해 하루에 230톤이라도 생산하게 된 것이다.

국제연합한국재건단과 협의해 만들어진 첫 번째 프로젝트는 판유

문경 시멘트공장(1957.9.25, 연합뉴스)

리공장이었다. 전후 복구를 위해서는 부서진 건물을 세우고 집을 짓는 것이 시급했는데, 건설을 위한 시멘트와 판유리 같은 건설자재가 없었다. 기초적인 건축자재는 부족했고 나무나 벽돌은 어떻게 만든다지만 판유리는 복잡한 기술이 필요해 국내 생산이 전무한 상황이었다. 우리 정부는 국제연합한국재건단의 대표인 콜트$^{John\ B.\ Coulter}$ 장군을 설득해 전후 복구사업에 절대적으로 필요한 건설기초자재이며, 원료나 제반 조건이 유리한 판유리를 우선 사업으로 정하도록 했다.

이렇게 해서 국제연합한국재건단 자금으로 처음 만든 공장이 인천 판유리공장이고, 두 번째는 문경에 건설된 시멘트공장이다. 당장 필요한 소비재를 공급해주겠다는 미국의 원조계획에 맞서서 국제연합한국재건단 자금을 동원한 이 두 공장을 건설하면서 얻은 것은 단지 공장뿐이 아니었다. 이를 통해 우리는 기술 발전의 근간이 될 일괄기술을 습득한 것이다. 이처럼 우리나라는 산업기술 분야에서 외국의 선진기술을 도입하고 공장을 건설, 가동하면서 생산과 운영에 따르는 기술력을 축적해 나가는 방식을 택했다.

해방 후에 우리에게 가장 시급한 것은 생활필수품인 제당, 제지, 합성섬유 등 소비재 공업이었다. 소비재공업을 일으켜 설탕, 밀가루, 합성섬유 등 소비재를 제대로 생산하려면 화학산업이 뒷받침되어야 한다. 화학산업 중에서도 염산, 황산, 질산 가성소다 암모니아와 같이 기초화학제품과 유지, 도료, 농약, 화약 같은 화학제품이 소량 생산되고 있었지만 시설과 규모 면에서 보면 영세하기 짝이 없었다. 그나마도 기초 화학산업을 갖추지도 못한 채 대부분이 원료를 수입해 소규모 작업장에서 단순 모방하는 방식이었을 뿐이다.

문경 시멘트공장과 인천 판유리공장 이후 1959년에는 암모니아와 요소를 생산하는 충주 비료공장이 건설되어 화학산업이 발전하는 계기가 되었다. 주요 전략산업이었던 비료의 수입대체를 위한 공장을 지으면서 처음에는 미국에서 모든 것을 일괄적으로 들여오는 턴키방식Turn-key을 선택했다. 공장을 지은 후에 몇 년 동안은 기술을 제공한 회사의 직원이 같이 먹고 자면서 지도해 주고 공장을 돌리고 운영하는 기술을 가르친 것이다.

1959년에 충주 비료공장을 지었는데, 이때 얻은 기술력을 바탕으로 외국의 기술자들과 몇 개의 비료공장을 더 지었다. 악착같이 기술을 배우고 축적하면서 1960년대 후반에는 외국의 도움을 받지 않고도 자체적으로 비료공장을 건설할 수 있게 기술력을 발전시킨 것이다. 또한 외국 기술자에게 배운 것을 그대로 적용하는 데 그치지 않고 우리만의 스타일로 현장에 맞는 기술을 개발해 나갔다. 비로소

1964년에는 대한석유공사 울산정유공장을 가동하기 시작했고, 1969년에는 호남정유의 여수공장을 우리 손으로 가동하게 되었다.

이와 같은 발전과정에서 정부의 역할이 매우 컸다. 1960년대 이후 수출 위주의 정책으로 소비재는 철저히 줄이고 대부분을 원자재와 자본재 위주로 운영했다. 해방 이후 외환위기를 맞기 전까지 한국은 만년 무역수지 적자였기 때문에 가능한 수입을 줄이며 철저히 관리할 수밖에 없었다. 그러나 수입품 중에서도 자본재에 대해서는 관대했다. 이런 정책적 지향성은 지속되어 2009년이 되어서도 총 수입 중 소비재 수입은 10%에 불과하며 원자재 수입비중이 57.6%, 자본재 수입 비중이 32.2%나 된다. 자본재는 다시 수출을 하는 생산요소가 될 뿐더러 수입하면서 기술습득이 가능하기 때문이다.

최근 국내 기업들이 M&A를 통해 외국기업을 사들이는 과정에서 외국의 기술을 직접 습득하는 것은 물론이고 국내에 진출한 외국기

충주 비료공장을 시찰 중인 정부 각료들(1958.3.4, 연합뉴스)

•• 수입상품 구조 ••

(단위: 십억 달러)

	1970	1980	1990	2000	2009
총수입 (총수입대비, %)	2.0 (100.0)	22.3 (100.0)	69.5 (100.0)	160.5 (100.0)	323.1 (100.0)
원자재수입 (총수입대비, %)	1.0 (52.9)	14.5 (65.0)	38.2 (54.9)	81.6 (50.8)	186.1 (57.6)
자본재수입 (총수입대비, %) 내수용 자본재수입 (총수입대비, %) (GDP 대비, %) (총고정자본형성대비,%) (설비투자대비,%)	0.5 (23.1)	5.1 (23.0)	25.6 (36.8)	64.6 (40.2) 37.2 (23.2) (7.0) (23.2) (56.7)	104.0 (32.2) 59.1 (18.3) (7.1) (24.2) (77.8)
소비재수입 (총수입대비, %)	0.5 (24.0)	2.7 (12.1)	5.7 (8.2)	4.0 (8.7)	32.7 (10.1)

자료: 한국은행, 경제통계시스템

업으로부터 기술을 전수받는 것도 같은 이치다.

기술력이라고 하면, 제품을 생산하는 과정에서 필요한 과학기술만 중요한 것이 아니다. OEM을 통해 수출하는 과정에서 선진국 기업으로부터 제품을 개발하거나 판매하는 기획력, 그리고 마케팅 기술도 배우게 된다.

기술 축적의 선도산업이 된 비료공장 건설

이승만 대통령의 자주적 정책을 좀 더 이해할 필요가 있다. 다시 비료공장 건설 이야기로 돌아가면, 비료공장을 만드는 데 미국과 합의가 되자 생산할 비료의 종류는 요소비료로 하자는 데까지는 합의를 보았다. 그런데 미국은 건설업자 선정, 계약내용 등을 자신들에게 맞춰 줄 것을 요구했다. 비료공장의 연료 문제에서 정부와 이견이 생겼다. 우리로서는 당연히 국내에서 생산되는 석탄을 사용해야 했지만 미국은 기술상의 이유를 들며 석유를 사용해야 한다고 일방적으로 결정했다. 우리 정부는 포기하지 않고 그렇다면 정유공장도 함께 세워 달라고 요청했다. 비록 미국이 요구를 거절했지만, 훗날 우리 정부가 정유공장 건설을 서두르게 되는 계기로 작용했다.

충주 비료공장을 건설하면서 관련 기술자 68명을 선발해 외국 비료공장에 유학을 보내 기술을 익혔다. 처음에는 기술력이 없었기에 당시 기술직 사원을 공과대학 출신을 가리지 않고 뽑았다. 전기과, 토목과, 금속과, 기계과 출신은 말할 것도 없고 원자력학과 졸업생도 고용해 미국, 독일, 스페인 등 세 나라로 보내 기술훈련을 시켰다. 이들이 사명감을 가지고 외국에서 배워 온 기술력과 경험으로 충주 비료공장을 훌륭하게 운영·관리했고, 이를 시작으로 나주 비료공장을 건설했다. 이들 68명은 1958년에 국내자본으로 호남 비료공장을 건설하는 데도 참여하면서 우리나라 화학비료공장 기술진의 핵심 역할을 했다. 그리고 제1차 경제개발5개년계획 사업의 일환으로 울산에 영남화학, 진해화학을 건설해 일괄기술 도입의 전형적인 예를 보여줬다.

뭐든지 처음이 어렵지 한 번 배우면 더 쉬워지는 법이다. 충주 비료공장은 국내 화학비료를 자급자족하는 길을 열었으며 훗날 제1차 경제개발5개년계획 사업의 핵심인 석유화학공업 건설의 중대한 선도산업 역할도 했다. 국내 최초의 현대식 화학장치공장으로 우리나라 비료공업의 시초였던 충주 비료공장 건설은 기술력의 습득과 발전 과정은 물론 기술인력 양성의 실험실로서 역할을 톡톡히 해냈다.

5개년계획에서 본격 태동한
과학기술인력

해방 이후 고등교육기관인 대학에 과학기술교육인력을 양성하기 위한 공간 자체가 절대적으로 부족했고, 1950년대에 들어서야 이학부와 공학부가 만들어지기 시작했다. 1962년, 제1차 경제개발5개년계획을 보고하는 자리에서 박정희 대통령은 기술수급계획을 작성하라고 지시하는데, 이에 따라 제1차 기술진흥5개년계획이 수립돼 인력자원개발정책이 태동한다.

경제학자라면 누구나 일제치하의 한국자본주의 논쟁을 한 번쯤 들어보았을 것이다. 논쟁의 한 견해는 일본의 발전과 대륙침략에 지배되고 운용된 착취경제로 해석하는 것이고, 다른 하나는 비록 식민지형 경제구조를 가지고 조선총독부에 의해 운용되었지만 자본주의로서의 초기 조건은 만족시키며 발전했다는 것이다.

전자는 부분적으로 일어난 공업화와 철도, 교육시설, 발전소와 같은 사회간접자본에 대한 투자는 일본의 전쟁을 통한 대륙진출에만 사용되었고 국민자본주의가 태동할 자본은 없었다는 주장이다. 그리고 후자는 비록 일본이 대륙을 침략하기 위한 수단으로 만들었다고 해도 도로, 발전소, 철도 등 기초 인프라가 갖추어져 초기 자본주의 발전에 필요한 역할을 했다고 보는 주장이다.

그러나 후자의 주장은 근거가 적다. 해방 후, 기술력을 확보하기 위한 가장 기초적인 작업인 우리의 과학교육 상황은 매우 암울했다. 자본주의 발전에 있어 자본만큼 중요한 것이 기술력인데, 무엇보다 중앙정부 차원에서 과학기술인력을 교육시키려는 시도가 없었다.

식민지하에서 일본은 한국인에게 의도적으로 기술을 가르쳐 주지 않았다. 당연히 기술자는 모두 일본인이었고 한국인은 배울 길이 막혀 있었다. 교과서는 일본어로 된 것밖에 없었고 자격 있는 교사가 없어 수업을 할 수도 없었다. 해방이 되고 보니 고등교육기관인 대학에 과학기술인력을 양성하기 위한 공간 자체가 부족했고, 1950년대 들어서야 이학부와 공학부가 만들어지기 시작했다. 그러다 보니 과학기술인력을 양성하는 데 있어 핵심적인 교수가 절대적으로 부족했다.

이때 소위 '미네소타 프로젝트'라는 것이 발동되었다. 국내 교수가 미네소타대학에 유학 가서 이공계 과학교육, 특히 공학·의학·농학 분야를 연구하고 돌아와 과학교육이 활성화되는 계기가 되었다. 이들 교수가 귀국하면서 이공계대학에 실험기구도 함께 지원되었는데, 이로 인해 기초적인 기술이 전수되기도 했다. 이후 이공계 학도들이 대거 미국으로 유학을 갔고, 이들 과학기술인력이 1950년대 말부터 귀국해 우리나라 과학기술을 진흥시키는 주역으로 활동했다.

우리나라가 처음부터 과학기술인력 진흥에 관심을 크게 가진 것은 아니었다. 우리 산업 자체가 경공업에서 시작해 중화학공업으로 넘어가 1950~1960년대에 경공업 분야에서 요구하는 과학기술 수준은 그다지 높은 것이 아니었다. 그보다는 주로 현장에서 필요한 기능인력이 우선시됐다.

1962년, 제1차 경제개발5개년계획을 보고하는 자리에서 박정희 대통령은 기술수급계획을 작성하라고 지시하는데, 이를 지시받은 기술관리과는 좀 더 포괄적으로 기술진흥5개년계획을 만든다. 제1차 기술진흥5개년계획에서 기술계 인적자원의 현황과 수급추계를 바탕으로 인력자원개발정책을 제시했는데, 주로 실업계 고등학교의 교육을 양적으로 확대하고 그 질을 높여 나가는 정책 위주였다.

당시에는 주로 실업교육과 직업훈련제도의 기초를 닦는 일이 강조되었다. 제2차 과학기술진흥5개년계획에서는 기술에 대한 사회적 수요도 높아지고 그 이름도 조금 확대되어 기술만이 아닌 과학기술로 명명되었다. 그러나 내용은 기술교육과 직업훈련을 좀 더 확충하고 내실화하자는 수준이었다. 즉 외국에서 도입된 시설과 기술을 이용해 제품을 생산할 기술공과 기능공을 효율적으로 양성·확보하는 데 초점을 두었다.

다른 한편으로는 1967년에 출범한 과학기술처가 그동안 해외유학을 통제하던 정책에서 벗어나 정부가 돈을 들여 한국인 과학기술자의 귀국을 유도하는 적극적인 과학기술인 양성정책으로 전환하는 데 기여했다. 한국과학기술연구원[KIST]를 설립해야 한다는 의견이 제기되었고, 정부는 해외 과학기술자 실태를 조사했다. 1968년부터는 이들 과학기술자를 초빙해 우리나라 과학기술 발전의 기틀을 잡았다.

과학기술개발의 브레인, 한국과학기술연구원

1966년 2월, 세계에서 가장 가난했던 우리 경제를 일으켜 세우기 위해서는 무엇보다 과학과 기술 발전이 절실하다는 필요 속에 드디어 한국과학기술연구원이 설립되었다. 한국과학기술연구원은 단순한 연구소가 아닌 '과학기술 한국'을 만들어 국가발전의 원동력이 되기를 희망하는 염원이 담긴 대형 국책연구소였다.

경제개발 초기에 정부가 가장 높이 평가받아야 할 것 중에 하나는 과학기술개발의 산파인 한국과학기술연구원을 설립한 일이다.

박정희정부는 과학기술 분야에 있어서는 이전 정부에 비해 훨씬 관심을 가지고 있었으며, 또 적극적이었다. 당시 박정희 국가재건최고회의 의장은 과학기술 진흥을 위한 연구소를 만들 것을 지시했다.

그러나 항상 그렇듯이 '어느 부서가 주도권을 가지고 어떠한 형태로 만들 것인지'에 대해 의견이 엇갈려 무산되기에 이르렀다. 당시 문교부의 종합자연과학설립연구위원회와 부흥부의 기술관리국이 내놓은 안에 대해 기존에 있는 연구기관을 통합하는 문제와, 민간으로 할 것인지 아니면 정부기구로 할 것인지 부처 간에 의견이 대립했다. 국공립 연구기관이 지니는 한계를 극복하고 산업계의 기술개발을 지원하는 역할을 담당하는 종합연구기관을 세우려는 정부의 계획은, 1965년 5월 한미 정상회담에서 미국 측의 연구소 설립 제안으로 속도가 붙었다. 그렇지 않아도 큰 관심을 갖고 있던 박정희 대통령은 이를 곧바로 도입해 한미 양국의 공동성명으로 발표되고 이후 짧은 시간에 기술관리국이 중심이 되어 연구소 설치방안을 마련했다.

1966년 2월, 세계에서 가장 가난했던 우리나라를 일으켜 세우기 위해서는 과학과 기술을 발전시켜야 한다는 절실함 속에서 드디어 한국과학기술연구원이 설립되었다.

정부는 한국과학기술연구원을 설립하면서 해외에 있는 우수한 한국인 과학자 18명을 영입해 왔다. 과학자들에게 집과 운전기사가 딸린 차에 이르기까지 거의 장관급에 해당될 정도의 좋은 대우를 해주면서 나라를 먹여 살릴 과학기술을 발전시키도록 독려했다. 과학자들도 투철한 애국심을 바탕으로 밤낮없이 연구에 매진했다.

한국과학기술연구원이 우수한 해외 두뇌를 바탕으로 설립되는 데는 존슨Lyndon B. Johnson 전 미국 대통령의 과학 고문 호니그Donald F. Honig 박사의 역할이 컸다. 호니그 박사는 1965년 박정희 대통령과 존슨 대통령 사이에 한미 양국의 공동성명에 따라 과학기술연구소 설립의 타당성 조사를 맡았는데, 그의 눈에 외국에서 활약하는 한국인 과학자들이 들어왔다. 그는 미국이나 유럽에 있는 한국인 과학기술자 약 800명의 두뇌를 이용하면 좋은 연구소를 만들 수 있다고 판단해 연구소를 설립하도록 의견을 제시했다. 그리고 우수한 해외 과학자들을 영입하는 것과 함께 미국 정부로부터 시설자재, 연구기기 등 841만 달러를 지원받았다.

단순한 연구소가 아닌 '과학기술 한국'을 만들어 국가발전의 원동력이 되기를 희망하는 염원이 담긴 연구소라 온갖 지원을 아끼지 않았고 불과 10년 만에 한국과학기술연구원은 대형 국책연구소로 괄목한 만한 발전을 이루었다. 연구원은 50명에서 950명으로 대폭 늘었으며, 49개의 연구실과 2개의 기술센터, 2개의 부설연구소를 갖추었다.

그간 한국과학기술연구원은 1,265건의 연구수탁을 맡아 진행했는데, 그중 산업계에서 필요한 기술개발과 기술향상에 해당하는 것은 700건이 넘었다. 기초 기간산업이었던 화학·화공 분야가 200여 건, 전기·전자 분야에 180여 건, 기계 분야에 120여 건, 재료 분야에 130여 건, 식품·사료 분야에 100여 건 등 인원과 규모에 비해 정말 많은 일을 해냈다. 그냥 연구만 한 게 아니라 그중 70건은 산업체에서 제품으로 구현되었고, 또 190여 건은 제품화가 추진되었다. 폴리에스테르 방사기술, 홍삼 가공기술, EDPS용 한글라인 프린터의 개발, 에탄부톨 제조기술, 고구마사료에 대한 연구, 가발용 원료사 개발, 누에배합사료 개발, 전자계산기 개발 등 실제로 많은 것들이 실용화되어 산업발전에 기여했다.

정부부처와는 다른 각도에서 경제개발5개년계획 수립에 참가했고 정부정책을 시행하기 전에 기초 조사를 하는 용역도 잘 수행했다. 대표적인 예가 '장기 에너지 수급에 관한 조사', '기계공업근대화의 기본방향', '체신부의 전화요금의 EDPS화', '종합제철의 건설계획 및 조업에 관한 연구' 등과 같이 향후 우리나라 산업발전계획의 근간이 되는 연구를 한 것이다.

이처럼 짧은 기간에 한국과학기술연구원이 눈부시게 성장하자, 그 성공요인이 외국 학자의 논문 대상이 되기도 했다. 헤리에트[Harriet] 박사는 존스홉킨스대학에 제출한 「고급 인력의 유치와 이용」이라는 학위 논문에서 한국과학기술연구원을 성공으로 이끈 요소는 '우수한 연구요원을 유치하고 능력을 효과적으로 발휘하게 한 연구 분위기 조성'이라고 분석했다. 나아가 한국과학기술연구원식의 연구소가 산업화를 꿈꾸는 개발도상국의 연구소 설립에 중요한 모델이 될 것으로 보았다.

세계적인 연구소 반열에 들어가기 위한 기준은 여러 가지이고, 설립 역사가 100년은 넘어야 하는 게 보통이지만, 한국과학기술연구원은 짧은 역사를 가지고도 세계적인 연구소의 대열에 올랐다.

우리나라의 기술력 진보에 기여한 중요한 점은 한국과학기술연구원이 국가적인 연구개발 성과와 외적인 신장 못지않게 오늘날 우리나라 산학연의 중심이 되는 고급 인재를 공급한 것이다. 대학교수들 중에는 한국과학기술연구원의 연구원으로 재직하다 대학으로 옮기거나 다른 연구소로 이직한 경우가 많다. 그 결과 1만 5,000여 개에 이르는 국내 이공계 연구소에 선진적인 R&D 시스템을 갖추도록 전수하고 정착하게 하는 결과를 낳았다.

한국과학기술연구원의 성공은 우수한 해외 인적자원을 유치해, 선진국의 과학기술을 신속하게 이식했기에 가능했다. 만약, 외국에서 활동하는 과학기술 분야의 한국인 인재가 없었다면 지금의 한국이 가능했을까? 지금의 대한민국 산업의 발전은 외국의 유명 연구소와 기업에서 몸담았던 수많은 과학기술자의 노력과 헌신이 있었기에 이루어진 것이다.

민간 주도의
기술개발시대를 열다

국내외 시장에서 경쟁이 심해지면서 1980년대에는 민간 부문을 중심으로 경쟁을 통한 연구기술개발이 크게 늘어났다. 특히 민간 기업의 연구개발 투자의욕이 크게 고취되어, 이 시기에는 민간 부문이 국가 전체 연구개발비의 70%를 부담하는 수준에 이르렀다.

1970년대 말에 제2의 석유파동을 맞은 한국경제는 1980년 들어 심각한 경기침체기에 접어든다. 저임금을 바탕으로 외국기술을 도입해 단순모방제품을 만들어 수출하던 그동안의 정책이 한계에 부딪힌다. 임금은 크게 오르고 있었고 석유를 비롯한 원자재가격 역시 크게 올라 수출드라이브정책이 한계에 직면한 것이다.

석유파동이 두 차례나 일어나면서 선진국들도 종래의 생산기술체제에 대해 중대한 변화를 모색하기에 이르렀다. 기존의 에너지 및 자원집약적 생산방식에서 벗어나 새로운 기술체계로의 전환을 강력히 추구하게 된 것이다.

다른 한편으로는 중화학공업에 쏟은 대규모 투자가 후유증을 낳기 시작했다. 국내기술이 취약한 상태에서 외국자본을 도입해, 대형 생산시설과 설비기술을 습득하거나 충분히 활용하지 못했다. 더욱

이 중화학공업에서 나온 생산물을 소비해야 하는 국내 및 해외 수요가 미처 창출되지 못해 공장가동률이 매우 낮았다. 이러한 상황에서 살아남는 길은 새로운 기술체계를 구축해 생산성을 높이는 것이었다.

당시 세계 각국은 마이크로 일렉트로닉스, 컴퓨터, 광통신 등 정보산업기술, 파인세라믹스, 기능성 고분자 등 신소재기술, 바이오기술 등 첨단기술개발 경쟁체제에 돌입했다. 우리나라도 정부차원에서 산·학·연 공동연구개발에 더욱 박차를 가하였다. 첨단기술의 경쟁력 확보를 위한 선진국 간의 경쟁이 치열해지자 국제적으로도 기술보호주의가 강화됐다. 선진국들은 자국의 기술정보가 밖으로 새나가는 것을 막고 새로운 기술인 물질특허나 소프트웨어에 대해 지적재산권으로 보호하는 장치를 마련했다.

우리나라도 노동집약형에서 자본집약형 구조로 전환하게 되었고, 기술에 대한 수요도 단순가공 조립기술에서 복합제품기술로 바뀌면서 기술의 고도화에 대한 필요성이 더욱 절실해졌다.

다행히도 1980년대 중반에 들어서 미국, 독일, 일본, 영국, 프랑스 등 5개 선진국들이 '플라자협정Plaza Accord'을 체결했다. 미국의 경상수지 적자가 누적에 누적을 거듭하는 반면, 일본과 독일 등의 국제수지는 흑자가 쌓이면서 이를 해결하기 위해 선진 5개국의 재무장관들이 1985년에 9월 플라자호텔에 모여 플라자협정을 발표한다. 이후 달러 가치의 하락을 유도하기 위해 각국의 중앙은행들이 외환시장에 동시에 개입해 보유한 달러를 매각한 결과 1986년에 엔화 환율은 1985년의 70.6% 수준으로, 1988년에는 53.7% 수준으로 하락했다. 이러한 명목환율의 조정에도 불구하고 실질환율은 물가안정으로 인

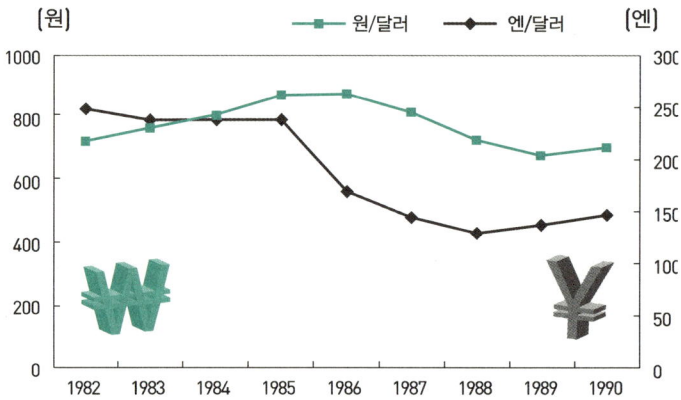

해 변화폭이 적었다. 즉 가격이 엔화가 오르는 만큼 오르지 않아 수출물량은 유지되었다. 그러나 기업의 채산성은 약화되었고 일본 기업은 채산성을 개선하기 위해 해외투자를 늘리는 길밖에 없었다.

우리나라는 이런 플라자협정의 덕을 톡톡히 보았다. 달러의 평가절하와 국제금리의 하락, 원유가격 하락이라는 소위 '3저低현상'이 생기면서 경제가 급속히 성장할 기회를 얻은 것이다.

국제금리와 달러가격의 하락으로 외채상환부담을 덜었고 제품의 생산원가를 줄일 수 있었다. 1987년에 한국사회에서 민주화 욕구가 분출되면서 정치적 격변이 일어났고, 노동조합이 활성화되면서 억제되었던 임금이 급상승하기 시작했다. 국내외 여러 변수가 급변을 거듭하는 가운데 우리나라는 급속한 공업화를 달성하면서 신흥공업국 NICs, Newly Industrializing Countries의 대열에 동참하였다. 비슷한 시기에 성장한 대만, 홍콩, 싱가포르와 함께 '네 마리의 용'이라고 불렸다.

그러나 이런 과정에서 우리 경제는 더 이상 저임금으로 버틸 수 없고 기술집약적 산업구조로 나가야 한다는 것을 뼈저리게 느끼게 되었다. 과학기술정책도 이런 추세를 반영하여 제조업의 매출액대비 연구개발비 비율이 1980년에는 0.5%에 불과했지만 1989년에는 1.7%로 늘어 산업의 기술집약화가 진행되고 있음을 보여주고 있다. 인구 1만 명당 연구원 수는 1980년 4.8명에서 1989년에는 15.6명으로 늘었다. 1980년 GNP대비 0.56%에 불과하였던 연구개발투자 지출비중도 1989년에는 1.75%까지 증가했다. 그러나 이 정도의 연구개발투자 규모는 선진국에 비해 절대·상대적으로 크게 못 미치는 수준이었다. 1990년을 기준으로 보면 GNP대비 연구개발투자 지출비중이 미국 2.63%, 일본 2.77%, 독일 2.89%, 프랑스 2.33%로 대부분 2%를 상회하지만 우리나라는 1.88%로 2%에 미치지 못하는 수준이었다.

기술개발 초기에는 정부가 주도로 시작을 했지만 국내외 시장에서 경쟁이 심해지면서 1980년대에는 민간 부문을 중심으로 경쟁을

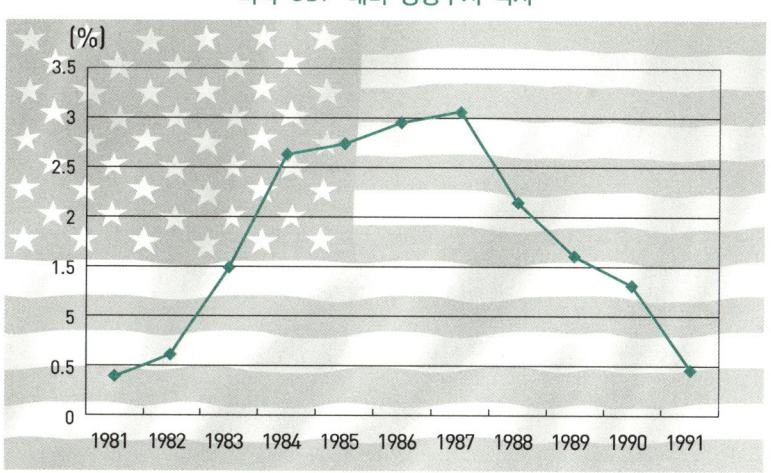

•• 미국 GDP 대비 경상수지 적자 ••

통한 연구기술개발이 크게 늘어났다. 특히 민간기업의 연구개발 투자의욕이 크게 고취되어 이 시기에는 민간 부문이 국가 전체 연구개발비의 70%를 부담하는 수준에 이르렀다. 이렇게 되기까지에는 1981년 조세지원제도를 감면하는 방향으로 가고 있는 가운데서도, 기술개발 분야는 더욱 조세감면을 강화해서 기술이나 인력개발에 대해 세액공제제도를 신설한 정부의 역할도 큰 몫을 했다.

당시 산업고도화가 진전되어 국내 산업계에서 필요로 하는 기술이 고급기술로 변해 일부 대기업을 제외하고 외국의 고가기술을 도입하는 게 어려운 현실이었다. 1980년대 후반, 임금은 가파르게 오르고 원화절상으로 수출경쟁력이 떨어지자 대기업이 아닌 중견·중소기업들도 독자적인 기술개발에 목을 맬 수밖에 없는 상황이었다. 기업들은 너도 나도 부설연구소를 설립했고 이와 함께 산업기술연구조합도 본격적으로 설립되었다. 산업기술연구조합은 회원사의 인력과 자금, 시설을 공동으로 사용해서 공동애로기술과 첨단기술을 연구해 연구의 효율성과 시너지 효과를 내자는 취지로 만들었다.

1980년대 연구기술개발의 특징은 '스스로 기술을 개발하는 단계'로 들어갔다는 점이다. 1982년부터는 대통령이 직접 주재하여 여야 정치인, 국무위원, 재벌총수, 학계·연구계의 대표인사 200명이 참여하는 기술진흥확대회의를 정례적으로 열었다. 과학기술이 과학기술처를 넘어서 범부처적인 어젠다로 격상된 것이다.

생산기술은 더욱 정교해지고 동시에 첨단과학기술에 도전했으며 외국에서 도입한 과학기술을 개량하면서 자체적인 연구개발을 촉진하는 방향으로 전개됐다. 연구개발인력도 그동안 생산현장 기술개선에서 연구소를 통한 기술개발로 변모했다. 이런 민간기업의 연구개발역량 개선은 이후 민간 주도의 기술개발시대를 열어 한국이 기술 선진국으로 뻗어나가는 큰 계기가 됐다.

끊임없는 진보에 진보를 거듭해 현재 우리나라의 GDP 대비 R&D 투자비율은 2010년 기준(PPP기준) 3.74%로 스웨덴과 핀란드에 이어 세계 3위 국가로 발돋움했다. 1981년만 해도 불과 0.6% 수준에 불과했지만 민간기업들이 1980년대 중반 이후 경쟁력을 확보하기 위해 지속적인 기술개발 투자를 해온 것이 효력을 발휘한 것이다.

처음에는 정부가 주도해 기술개발을 이루었지만 최근에는 기업에 이어 대학의 기술개발 역할이 높아지고 있다. 특허청이 최근 2007~2011년 사이에 정부의 R&D 사업으로부터 창출한 특허출원은 연평균 8.5%나 늘었다. 이 중 대학이 공공연구소나 기업보다 특허의 비중이나 투자대비 출원 수가 높고 질적인 면에서 기술의 원천성이나 권리보호 강도가 높아 희망적이다.

기술력은 여러 각도에서 판단해 볼 수 있는데, GDP 대비 기업연구개발 비중과 인구 10만 명당 특허출원 건수로 본다면 우리나라는 세계 2위국이다. 스위스 국제경영개발원이 발표한 2012년 국제경쟁력 평가에서 기업연구개발비 비중이 전년보다 3단계나 올랐다. 과학경쟁력은 1위인 미국에 이어 일본, 독일, 이스라엘 다음으로 5위이다. 우리나라는 2012년에 처음으로 국제수학올림피아드대회에서 종합 1위를 해, 6개의 금메달을 획득했다. 100개국에서 548명이나 되는 학생이 참석했다는데, 수학 분야는 1988년에 참가 이래 1위를 한 것이 처음이지만 한국의 우수한 두뇌 수준을 보여주는 척도였다.

기술력을 키워
국제기능올림픽대회를 제패하다

기술력을 키워야 먹고산다는 신념을 가지고 정부차원에서 기능인력 양성에 적극 나섰다. 이렇게 양성된 기능인력들은 단지 기술자가 아니라 장인으로서 한 분야에서 세계 제일의 실력을 쌓았다. 이름 없는 수많은 기술장인들이 흘린 땀으로 현재 우리나라는 경제대국의 길을 걸어가고 있는 것이다.

대한민국의 기술력을 이야기하면서 빼놓을 수 없는 것이 있다. 바로 국제기능올림픽대회이다. 우리나라는 1966년부터 참가해 10년 만인 1977년에 정상을 차지한 이후 두 차례를 빼놓고 매번 1위를 해오고 있다. 국제기능올림픽은 1947년 제2차 대전이 끝났을 때 스페인에서 발족된 것이다. 청소년을 선도하고 직업훈련을 통해 1인 1기를 갖추게 함으로써 공업발전을 이루기 위한 목적이었다.

처음 우리나라가 국제기능올림픽기구에 가입하고자 할 때 반대가 많았다. 아시아에서는 이미 일본이 많은 메달을 따고 있고, 국제기능올림픽대회에 나가기에는 아직 우리의 기능 수준이 떨어진다는 이유였다. 그러나 이러한 난관 속에서도 우리나라는 1966년 10월 6일에 국제기능올림픽위원회 정회원으로 가입했다.

우리나라가 첫 국제기능올림픽에 참가할 때 국내 여건은 매우 열약했다. 실기를 할 공구자료나 부속품이 모자라 기계를 충분히 다룰 수 없었다. 선진국에 비해 우리나라는 기계공업의 역사가 짧고 물질적으로 빈곤했다. 기본적으로 우리 기계공업은 일본에 비해 뒤떨어지고 기능실력도 크게 떨어졌다. 일본은 이미 세계적으로 우수한 기능공을 바탕으로 공업 분야에서 두각을 나타내고 있었다.

하지만 대한민국은 모두의 예상을 깨고 이변을 연출했다. 당당히 종합 4위에 랭크된 것이다. 첫 출전에서 선진 공업국가에 결코 뒤지지 않은 천부적인 손재주를 유감없이 발휘했다. 이후 우리나라는 승승장구했다. 17회 대회에서 3위, 18회 대회에서 3위, 19회 대회에서 2위, 20회 대회에서 4위, 21~22회 대회에서 2위를 차지했다.

그러다 마침내 1977년 제23회 국제기능올림픽대회에서 금메달 12개, 은메달 4개, 동메달 5개를 획득해 종합 1위를 차지하는 쾌거를 이루어냈다. 이로써 우리 국가대표팀은 일본은 물론 선진 공업국의 기술을 압도하게 되었다. 이와 함께, 1978년 대회를 대한민국에서 개최하면서 우리나라 공업이 눈부시게 발전해 나갈 수 있는 계기를 마련했다.

스포츠 선수들이 금메달을 따고 귀국하면 시내에서 카퍼레이드를 하듯이 1970년대에는 기능올림픽에서 우승하고 돌아오면 김포공항에서 시내까지 오픈카를 탄 채 목에 꽃다발을 걸고 시청까지 카퍼레이드를 하곤 했다. 그날 밤 메인 뉴스에는 여지없이 양복을 잘 만드는 아무개와 구두를 잘 만드는 아무개의 얼굴이 나왔다. 지금은 기계가 상당부분을 만들기 때문에 양복 잘 만드는 사람에 대해서 사회적으로 존경심을 보내는 일이 없어졌지만, 이러한 기술력이 우리 경제 성장의 원동력이 되었다는 것은 분명한 사실이다.

처음에는 양복, 제화 등의 부문에서 두각을 나타냈지만 시간이 흐르면서 종목이 선반공, 자동제어 등에 이르기까지 급격히 변하는 기술혁신 과정을 따라가며 두각을 나타냈다. 이는 우리의 기술력이 세계적으로 남다르다는 것을 보여주는 사례다.

무엇보다 주목해야 하는 것은 기능올림픽 대표팀의 종합우승이 수출 증가에 크게 기여했다는 점이다. 제품을 만드는 실력이 향상된 것과 함께 대한민국 제품에 대한 대외 이미지가 개선되었기 때문이다. 1977년 우리 대표팀이 첫 종합우승을 획득하였을 때는 수출실적이 100억 달러였다. 이후, 1997년 11번째 우승을 차지했을 때는 1,400억 달러 수출을 달성할 수 있었다.

기술후진국이었던 우리나라가 국제기능올림픽대회에 참가한 지 수년 만에 정상에 오른 것은 우연이 만든 산물이 아니다. 연이어 3년간이나 세계를 제패했고 그 우승도 30여 개의 금메달을 온통 휩쓸다시피 해서 차지한 것이었다.

후진국이었던 우리나라가 불과 20년 사이에 중진국으로 눈부신 발전을 하게 된 배경에는 우리 기능공들의 손재주가 한몫 했다. 신라시대 이래로 내려온 독창성과 젓가락을 사용하는 민족 특유의 섬세한 손재주, 그리고 알맞은 고등교육을 받은 기능공, 기술자, 과학자의 질은 세계 여러 나라에서 높이 평가될 만하다.

이들은 단지 기술자가 아니라 장인으로서 한 분야에서 세계 제일의 실력을 쌓았다. 이름 없는 수많은 기술 장인들이 흘린 땀으로 현재 우리나라는 경제대국의 길을 걸어가고 있는 것이다.

초고속 인터넷의
최강국

불과 30년밖에 되지 않는 짧은 기간 내에 대한민국이 초고속 인터넷 인프라를 구축한 나라가 된 것은 우리나라의 '압축 고속성장'과 여러모로 닮은꼴이다. 우리나라는 미국 다음으로 세계에서 두 번째로 인터넷을 연결함으로써 대만과 싱가포르보다 인터넷 역사가 무려 10년이나 앞섰다.

"근래 한국은 가정의 90% 이상이 고속정보통신망을 쓴다. 미국은 인터넷을 개발했지만 가정의 불과 65%만이 한국과 비슷한 수준의 정보통신망에 가입해 있다."

오바마 미국 대통령이 2011년 초에 '미래를 위한 정보통신망 투자' 필요성을 강조하면서 한 말이다. 오바마 대통령이 한 말은 과장이 아니다.

미국을 여행하거나 살아본 한국인들이 이구동성으로 하는 말 중 하나가 인터넷이 느리거나 잘 안 터진다는 것이다. 전화나 인터넷 신청을 하면 우리나라는 반나절이면 와서 설치해 주지만 미국은 며칠이 걸려도 감감무소식이라고 한다. 미국의 세 가정 가운데 한 곳은 인터넷 혜택을 못 받고 있는 것이 현실이다.

국제전기통신연합[ITU]에 따르면, 2012년 대한민국은 고속 인터넷

대용량 통신을 가능케 하는 인터넷(브로드밴드) 보급률에서 세계 2위를 차지했다. 초고속 무선 인터넷 보급률의 경우 경제협력개발기구 OECD 회원국 가운데에서는 사상 처음으로 100%를 돌파했다.

우리가 매일 지하철과 사무실에서 너무나 익숙하고 당연하게 쓰고 있는 초고속 인터넷이 외국인의 눈에는 놀라움 그 자체인 것이다. 2010년에 서울에서 G20 정상회의가 개최되었을 때, 각국 정상과 재무장관, 경제계 인사들은 하나같이 대한민국의 초고속 인터넷 환경에 놀라워했다.

달리는 차 안에서는 와이브로 WiBro 초고속 인터넷에 접속하고, 호텔에서는 IP TV로 자국의 방송을 볼 수 있다. G20 회의장인 코엑스의 검색대에서는 전자태그 RFID를 활용한 얼굴인식으로 2~3초 만에 본인 확인이 끝나고, 'IT한국 체험관'에서는 3D 입체영상으로 유네스코문화유산 투어를 하고, 와이브로가 탑재된 갤럭시탭을 통해 각국 정상들이 언제 어디서나 자국의 방송과 뉴스를 볼 수 있다.

G20 정상회의 취재차 방한한 4,000여 명의 외국기자들도 우리나라 인터넷 환경에 놀라워했다. 기자들이 사용하는 프레스센터에 1,300석의 좌석과 유선랜, 3G, 와이파이, 와이브로가 설치되어 있었는데 수천 명이 동시 접속해도 끊김없이 빠른 속도로 이용이 가능했다. 우리나라의 인터넷 환경이 세계 최고라고 해도 토를 달 사람이 없었다.

그런데 우리나라의 인터넷 역사는 불과 30년밖에 되지 않는다. 이 짧은 기간 안에 대한민국이 초고속 인터넷 인프라를 구축한 나라가 된 것은 우리나라의 '압축 고속성장'과 여러모로 닮은꼴이다. 우리나

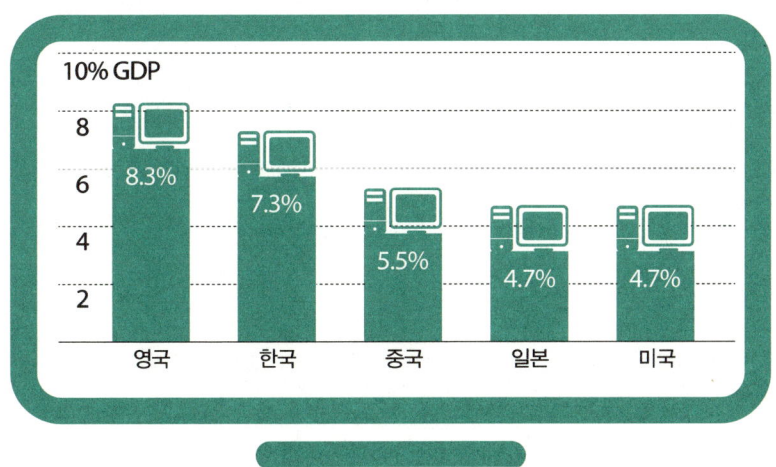

출처: BCG, 2012

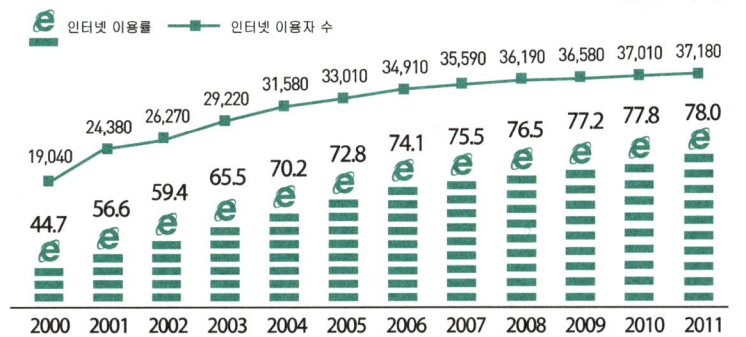

주: 1. 2004년 조사부터 인터넷에 이동전화 무선인터넷을 포함시켰으며, 인터넷 이용자 정의도 '월평균 1회 이상 인터넷 이용자'에서 '최근 1개월 이내 인터넷 이용자'로 변경함
2. 2006년부터 조사대상을 만 3세 이상 인구로 확대함(2000~2001년: 만 7세 이상 인구, 2002~2005년: 만 6세 이상 인구)

출처: 한국인터넷진흥원

라는 미국 다음으로 세계에서 두 번째로 인터넷을 연결함으로써 대만과 싱가포르보다 인터넷 역사가 무려 10년이 앞서 있다.

1982년 5월에 '한국 인터넷의 아버지'로 불리는 전길남 카이스트 명예교수에 의해 국내 최초로 인터넷이 연결됐다. 서울대 컴퓨터공학과와 경북 구미 전자기술연구소^{KIET}의 중형 컴퓨터에 아이피^{IP} 주소를 할당해 인터넷을 연결했는데, 당시 상황을 전길남 교수는 이렇게 회고했다.

> "연구실에 비가 샐 정도 열악한 환경에서 진행한 프로젝트였지만 학계와 정부, 기업이 합심해서 세계 최고의 기술을 탄생시켜 보자는 열망이 맞아떨어져 인터넷을 연결할 수 있었다."

1994년 6월, 한국통신의 코넷에 의해 아시아 최초로 상용 인터넷 서비스가 개시되었고 초고속 인터넷 서비스는 1998년 두루넷이 케이블 텔레비전망을 이용해 시작했다. 그리고 이로부터 불과 4년여 만에 초고속 인터넷 서비스 이용자가 1,000만 가구를 돌파했다. 이후 2006년 세계 최초로 와이브로, 고속하향패킷접속$^{HSDPA,\ High\ Speed\ Downlink\ Packet\ Access}$이 상용화되면서 현재에 이르고 있다. 2012년 우리나라는 국내 총생산 비중이 7.3%로 세계 2위다.

성장엔진 넷.

Leadership :
강력하고 실천적인
리더십

1. 선택과 집중

한국경제는 자동차, 조선, 반도체, 석유화학 등 몇몇 산업에 편중되어 있어서 세계경제의 파고가 거세질 때마다 휘청거리는 문제가 있다. 따라서 한국경제가 산업적으로 다변화해야 한다는 것은 오랫동안 학계나 산업계에서 주장해 온 개선과제 중 하나이다. 한 산업이 불황을 겪더라도 다른 산업이 잘 되면 국가 전체는 부침이 적을 것이다.

그렇지만 한국처럼 전쟁으로 인해 거의 폐허에서 일어난 경우, 노동력만 있으면 되는 초기 단순조립가공업에서 경공업, 중공업, 첨단공업으로 확장해 나간 산업전략은 최선의 전략이었다.

어찌되었든 오늘날 대한민국이 다른 국가와 차별화될 수 있었던 것은 각 단계별로 특정 전략을 택해 '선택과 집중'의 전략을 구사했던 데서 찾을 수 있다. 이 선택과 집중의 전략은 시행과정에서 여러 부작용을 가져왔음에도 불구하고 한국경제의 성공을 낳은 밑바탕이 되었다.

대한민국만의 차별화된
전략으로 승부하다

대한민국의 선택과 집중 전략은 무작위로 밀어붙이기만 한 것이 아니었다. 잘하는 기업에는 인센티브를 주고 차별화하는 전략이었다. 또한 주기적으로 평가하고, 부실한 기업에 대해서는 정부차원에서 정리하고 문제가 있으면 고쳐나가는 방식이었다.

제프리 삭스^{Jeffrey David Sachs}는 "대한민국을 비롯한 동아시아 나라들의 경제 성장은 세계 무역시장에서 수출업자들에게 자유무역을 제공한 데서 기인한다"라고 주장한다.

자유화된 국제무역 환경이 한국경제 성장에 기여했다는 여러 실증적 결과들이 있다. 2차 세계대전은 동아시아경제의 경제 성장을 확대시키는 결정적 요인을 제공했다. 하지만 중화학공업을 육성하기 위해 승자를 미리 선정하여 지원하고 패자를 나중에 구제한 정책이 없었다면 성공했을까? 수출에 관한 자유무역정책이 한국경제 성장에 기여한 것은 사실이지만, 대한민국만의 독특한 수출진흥전략이 있었기 때문에 성공이 가능했다.

경제 성장을 위해서 인적자본을 투입하고 국내외자본을 끌어들이며 정부가 개입해서 수출목표를 잡고 밀어붙이는 것은 어느 나라나 비슷할 것이다. 우리의 수출전략이 다른 나라와 달랐던 것은 같은 인적자본을 투하해도 '정책적으로 강화된 인적자본'을 육성해 나갔으며, '정책적으로 강화된 물적자본'을 축적해 나갔다는 점이다. 기회를 포착해 잡으려는 능력을 경제적으로 차별화해 효율을 극대화한 것이다.

한마디로 대한민국의 경제 성장전략은 정책적으로 강화된 비교우위전략이다. 각 단계별로 개별기업이 스스로 차별화하여 경쟁하도록 했다는 것이다. 이 과정에서 정부는 어떤 부분을 강조해야 할지 정책적 우선순위를 두고 추진해 나갔다.

그러나 모든 산업이 정책적 대상은 아니었다. 일본식민지 지배 36년 동안 그나마 있던 공업시설의 대부분이 북한에 위치해 있었다. 산업기반이 전무한 상태에서 건국은 했지만 1950년대에는 미국의 원조에 의존해 '3백산업'으로 대표되는 소비재산업으로 시작했다. 당장 먹고사는 문제를 풀어나가기 위해 수요가 늘고 있는 소비재산업을 국내산업으로 대체하는 데 집중해야 했던 것이다.

1960년대에는 섬유, 가발, 합판, 조립전자, 신발과 같은 노동집약적 경공업으로 수출을 진작시키기 위해 노력했다. 기업가들도 정부와 호흡을 같이 하며 수출에 힘을 보탰다. 이 시기에 우리는 경공업 위주의 수출지향적 발전전략을 취하다 보니 해외 원자재 여건이나 기계설비 상태에 따라 휘둘릴 수밖에 없었다.

이런 한계를 극복하고자 시작한 것이 1970년대의 조선, 철강, 석유화학, 비철금속, 기계, 전기전자 등의 중화학공업 육성정책이다. 이들 6대 산업을 육성하는 것을 목표로 산업단지를 조성하고 정책금융을 동원해 초기 투자자금을 아낌없이 지원했다. 이렇게 자원을 집중해 특정 산업을 집중적으로 키우는 중화학공업 육성정책에 대해, 추진 당시에는 말할 것도 없고 이후에도 많은 비판에 직면했다.

하지만 이렇게 자원을 몰아주는 선택과 집중 전략이 오늘날 우리 산업의 근간이 되어 생산과 고용은 물론 수출을 주도하는 주력산업으로까지 발전해 나갔다. 집중 전략은 특정 부문에 대한 지나친 투자를 가져와 그 과정에서 기업이 부실화되고 수출시장에서의 과당경쟁을 불러오는 등 부작용을 유발했다. 또 중화학공업에 투자한 기업들이 대부분 대기업집단을 이루면서 경제력집중과 사업다각화라는 한국적 재벌문제를 만드는 단초가 되기도 했다. 그러나 이는 나중에 진단한 결과일 뿐, 오직 생존을 위한 치열한 경쟁 속에서 집중 전략을 택하지 않았다면 과연 오늘날과 같은 성공을 거둘 수 있었을지 의문이다.

대한민국의 선택과 집중 전략은 무작위로 밀어붙이기만 한 것이 아니었다. 잘하는 기업에는 인센티브를 주고 차별화했다. 또한 주기적으로 평가하고, 부실한 기업에 대해서는 정부가 주도해서 정리하고 문제가 있으면 고쳐나가는 방식이었다.

정부가 단행한 중화학공업 육성의 부작용과 후유증을 최소화하려는 노력의 일환으로 1980년대 후반에 들어서는 산업정책을 선별적 개입에서 벗어나 기능별 후원체제로 전환했다. 그리고 1990년대에 들어서는 본격화된 IT기업을 중심으로 첨단산업으로 발전해 나갔다.

조선업을 선택하다

> 조선산업을 내딛기만 하면 충분히 예측할 수 있는 '웅대한 미래'가 있다고 보았다. 거대한 조선소를 만들고 초대형 선박을 건조할 수만 있게 된다면 일시에 기계·철강·전기·전자·해운 등 수많은 연관 산업을 급성장시킬 수 있을 것이기 때문이다.

현대중공업이 조선업을 세우게 된 유명한 일화가 있다.

당시 경제개발5개년계획을 추진하던 박정희 대통령은 경공업만 가지고는 안 되겠다는 생각을 하게 된다. 경공업을 넘어서서 조선업, 제철업, 종합기계, 석유화학 등을 한국경세의 4대 핵심 산업으로 선정해 국책산업으로 추진하겠다고 마음먹은 것이다.

박 대통령은 정주영 회장을 청와대로 불러 조선업을 할 것을 권했다. 아니 아마도 지시했다고 하는 게 맞을 것이다. 정 회장이 회사로 돌아와 회의를 하니 돈도 없고 부지도 없는데 어떻게 하느냐고 임원들이 모두 반대했다. 그나마 차관이라도 구해보려고 미국과 일본 등지로 다녀봤지만 척박하기만 했던 한국 조선업 현황을 익히 알고 있는 미국과 일본의 자본가들은 고개를 저었다. 심지어 정 회장 자신도 조선업은 안 될 것 같다고 포기한 채 대통령을 피해 도망 다닐 지경이었다.

결국 박 대통령은 당시 비서실장을 통해 강력한 경고를 하면서 안 되면 유럽 국가를 상대로라도 돈을 빌려보면 되지 않겠느냐고 압박을 가해왔다. 정 회장은 유럽 국가를 상대로 자금을 구하러 다녔다. 정 회장은 1971년 9월에 영국 런던의 바클레이즈Barclays 은행에 찾아갔다. 조선소 설립 경험도 없고, 선주도 나타나지 않은 상황에서 극동의 작은 나라 기업가에게 돈을 빌려줄 은행은 어디에도 없었다. 은행의 대답은 당연히 "안 돼No"였다.

그러자 정 회장은 바지 주머니에서 500원짜리 지폐를 꺼내 "우리는 영국보다 300년 앞선 1500년대에 이미 철갑선인 거북선을 만들었다"라고 말하면서 설득하여 마침내 차관을 얻어내는 데 성공했다.

꼭 거북선 이야기가 아니어도 당시 우리 여건에서 초대형 조선소를 건설한다는 것은 도박에 가까운 이야기였다. 1만여 톤급을 건조하던 대한조선공사는 계속 적자를 보다가 파산했다. 조선소 건설에 필요한 막대한 자금도 없는 데다 일본과 미국은 한국에는 수십만 톤급 선박을 건조할 기술력이 없다고 폄하했다. 하지만 박 대통령은 경제부흥에 대한 집념을 갖고 정 회장에게 조선소 건설을 독려했다. 이렇게 해서 조선소 건립과 동시에 2척의 배, 그것도 가장 큰 유조선인 VLCCVery Large Crude oil Carrier를 진수한 사례는 세계 조선사에 아직도 전설적인 기록으로 남아 있다.

경공업 중심의 노동집약산업만으로는 수출도 어렵고 경제 성장에 한계가 있었기 때문에 그 한계를 중화학공업을 추진해 돌파해 나가야만 했던 것이다.

그런데 왜 하필이면 조선업이었을까? 박정희 대통령은 조선산업을 하게 되면 초기에는 단순한 조선공업 수준에 머물겠지만, 초대형 선박을 건조하면 기계·철강·전기·전자·해운 등 수많은 연관 산업을 동시에 급성장시킬 수 있을 것이라고 생각했다. 1972년에 시작되는 제3차 경제개발5개년계획이 시작되기 전까지 중화학공업을 가시적으로 움직일 수 있도록 하기 위해 그 1단계로 조선산업을 선택한 것이다.

이렇게 1970년대에 조선공업은 경제개발계획의 주요 육성산업으로 지정되어, 정부의 전폭적인 지원 속에서 고속성장을 할 수 있었다. 박 대통령은 대형 조선소 건설을 조국 근대화 작업의 상징적인 사업의 하나로 생각하여 '조선입국造船立國'이란 휘호를 보냈고 첫 선박의 건조에 큰 관심을 보였다.

그 첫 포문은 현대중공업이 울산 조선소 준공과 함께 26만 톤급 초대형 유조선을 성공적으로 건조하며 시작했다. 세계 조선시장에서 당당한 일원으로 첫 발을 내디딘 것이다. 이를 계기로 대형 조선소가 연이어 생겨났다. 1975년에 수리조선 전문기업인 현대미포조선이 설립되었고, 1978년에 대한조선공사가 옥포에 초대형 제1도크를 완공했는데, 이는 나중에 대우그룹이 인수했다. 1977년에는 삼성그룹이 우진 조선소를 인수해 1979년에 1도크를 완공하는 등 국내 조선소의 눈부신 발전이 이어졌다.

1985년, 마침내 현대중공업은 선박수주와 건조물량에서 일본의 미쓰비시Mitsubishi중공업을 제치고 조선 부문 세계 1위를 차지했다. 그 뒤로도 현대중공업은 명실상부한 세계 1위의 자리를 지키고 있다.

특히, 1985년의 경우 국내 조선산업의 매출액이 3.3조 원, 부가가치가 1.3조 원으로 제조업에서 차지하는 비중이 4% 이상으로 성장했다. 이와 함께 고용인력이 1976년에 비해 3배 이상 증가했다. 1990년대의 경우 1993년과 1997년에 수주량 면에서 세계 1위를 기록했으며, 2000년 들어서도 세계 전체 발주물량의 45% 이상을 수주해 수주량 면에서 세계 1위를 기록했다.

2003년의 경우 조선산업이 국내 제조업에서 차지하는 비중이 3.3%에 달했으며, 전체 수출에서 차지하는 비중이 5.8%에 해당했다. 특히 조선산업은 무역수지 흑자비중이 대략 70.7%에 해당할 정도로 대표적인 흑자산업이었다. 고용 면에서는 전체 제조업의 2.8%에 해당했다. 같은 기간에 전체 제조업 고용이 1.3% 감소한 것을 감안할 때 대단한 성과라 할 수 있다. 2007년에는 STX조선이 유럽의 크루즈선 건조 조선소 아커야즈(Aker Yards)를 인수함으로써, 고부가가치의 크루즈선 건조 가능성을 열었다. 이후 2008년에는 세계 조선소 순위 1위에서 6위까지를 한국 기업이 차지하는 기염을 토했다.

자동차산업을 선택하다

자동차산업은 전후방효과가 가장 큰 산업이다. 1960년대와 1970년대의 집중적 투자와 시행착오를 겪은 끝에 한국 자동차산업은 수출이라는 돌파구를 통해 세계인들이 놀랄 만큼 무섭게 성장할 수 있었으며, 우리 경제의 중요한 성장동력으로 자리 잡았다.

1980년대에 들어서 한국이 선택한 산업 중 하나가 자동차산업이다. 자동차산업은 전후방효과가 가장 큰 산업이다. 미국에서 대형승용차의 생산붐이 일고 있던 1955년에 서울에서 정비업을 하던 최씨 삼형제가 미군용 지프차의 엔진과 변속기 차축을 이용해 시발始發자동차를 생산했다. 따로 자동차용 강판을 생산할 능력이 없을 때라 드럼통을 펴서 만들었지만 우리 손으로 만든 첫 국산 자동차였다.

5.16 군사정변 이후 정부는 국가재건 방안 중의 하나로 자동차공업 육성을 택했다. 해외자본의 국내투자라는 명목으로 1962년에는 '새나라자동차'의 설립을 허가했다. 새나라자동차는 부평에 공장을 만들고 자동차공학에 따라 근대적인 조립생산을 시작했다.

정부는 자동차공업을 육성하기 위해 '자동차보호육성에 관한 법률'을 만들어 자동차용 원자재에 대해서는 면세 혜택을 주었다. 오히려 이런 정책으로 인해 국내 부품산업이 크는 싹을 잘라버린 결과를 초래하기도 했지만 초기에는 투자 차원에서 어쩔 수 없는 선택이었다고 보인다. 결국 부품이나 원자재를 수입해 자동차를 만드는 방식은 한계를 보일 수밖에 없었다. 무엇보다 이듬해에 외환보유고가 바닥나 자동차부품을 수입할 외화가 없어 새나라자동차는 문을 닫았다.

1970년대에 들어서도 완성차업계에서는 잦은 모델 변경으로 인해 국내 부품업체가 영세성을 벗어나지 못했고 부품의 국산화율도 형편없이 낮았다. 1973년에 기아자동차가 국내 최초로 컨베이어시스템을 만들어 일관조립공장을 소하리에 건설했는데, 이는 미국의 포드사가 컨베이어시스템을 도입해 대량생산체제를 갖춘 것보다 무려 59년이나 뒤진 것이다. 이후 1975년에 현대자동차가 울산에 종합자동차공장을 건설했고, 그보다 1년 전인 1974년에 GM코리아가 엔진공장을 건설해 국내 자동차업체의 대량생산체제시대를 열었다. 이로써 국내 부품업체들은 안정적인 수요기반을 확보해 부품의 국산화에 적극적으로 나설 수 있었다.

이때만 해도 한국에서는 자동차산업이 불가능하다는 말이 공공연하게 떠돌아다녔다. 하지만 1960년대와 1970년대에 집중적인 투자와 시행착오를 겪은 끝에 한국 자동차산업은 세계를 놀라게 하면서 무섭게 성장했다.

1986년에 현대자동차는 세계 최대의 자동차시장인 미국에 고유모델인 '포니 엑셀'을 수출했다. 엑셀은 미국에 수출하고 1년 뒤인 1987년에 총 26만 3,610대가 팔려 미국에서 수입소형차 연간 판매 1위 자리에 등극했다. 이는 전체 소형차시장에서 포드 '에스코트'에 이어

2위, 수입차 브랜드별 판매로는 4위로 놀라운 성과였다.

　1986년 《비즈니스 위크(Businessweek)》는 자동차 평론가가 분석한 6종의 소형승용차 성능시험 결과 세계 유수의 자동차 브랜드를 제치고 포니 엑셀이 가장 우수한 차로 뽑혔다고 보도했다. 또 《타임(Time)》도 "휴스턴 자동차 쇼에 제너럴모터스, 포드, 크라이슬러, 폭스바겐, 도요타, 닛산 등 세계의 쟁쟁한 브랜드들이 참가해 치열한 판촉전을 폈는데 가장 관심을 끈 것은 미국 시장에 처음 등장한 현대였다"라고 보도했다. 《포춘(Fortune)》도 "엑셀이 1986년도 미국 10대 상품으로 선정됐다"라고 밝히면서 "역사상 가장 빠른 매출 신장률을 보인 수입품"이라고 극찬했다. 한편, 《뉴욕 타임스》는 1986년 미국에서 선풍적인 인기를 얻은 히트상품을 개발 또는 창안한 '산업계의 숨은 영웅' 여섯 명 중 한 사람으로 당시 현대차 사장 정세영을 선정했다. 자동차의 가장 어려운 시험무대인 미국에 진출한 것도 대단한 결단이지만, 저명한 일간지나 경제전문지가 칭찬을 할 정도로 좋은 평가를 받은 것도 중요하다. 낭시 미국에서 소형차시장은 일본 제품이 석권을 하고 있었는데 우리나라의 엑셀은 그보다 더 싼 가격으로 경쟁력을 확보한 것이다.

　이후, 1987년과 1988년에 현대자동차는 그랜저와 소나타를 각각 출시하여 국내 중·대형차 시장을 석권했다. 1988년에 국내 생산 100만 대를 돌파하면서 우리나라는 세계 10대 자동차 생산국으로 올라섰다.

　현대차의 수출은 가파르게 상승선을 탔다. 1991년에 200만 대, 1994년에 300만 대, 1988년에 누계 500만 대 수출을 이어가다 2004년에 누계 1,000만 대를 돌파했다. 2012년에 7월 기준, 총 1,881만여 대의 차량을 수출했다. 기아자동차도 눈부시게 성장했다. 1987년에 수출 10만 대, 1993년에 50만 대에서 1995년에는 100만 대 수출을 달성했다. 계속해서 성장한 기아자동차는 2005년에 수출 500만 대를 돌파하고 나서 2011년에 1,000만 대 누계 수출을 돌파했다.

우리 자동차산업이 수출이라는 돌파구를 찾지 못했다면 현재와 같이 성장하기는 어려웠을 것이다. 이제 자동차산업은 우리 경제의 중요한 성장동력으로 자리 잡았다.

2008년의 경우 제조업 생산의 10.6%와 고용의 10.5%를 차지했다. 2009년의 경우 총수출의 10.2%를 차지했다. 2009년에는 351만 3,000대의 자동차를 생산함으로써 세계 자동차 총생산량의 5.7%를 차지해 제5위 생산국의 자리를 거머쥐었다. 2012년 기준, 현대차는 미국 완성차업계 점유율 8.7%로 6위이다.

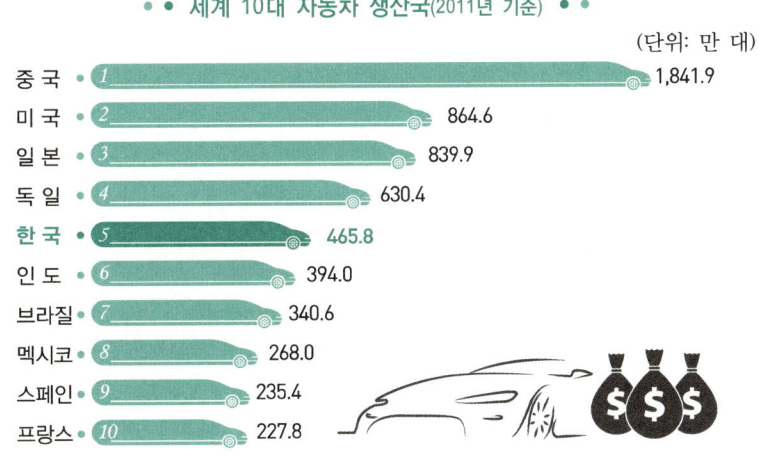

•• 세계 10대 자동차 생산국(2011년 기준) ••

(단위: 만 대)

순위	국가	생산량
1	중국	1,841.9
2	미국	864.6
3	일본	839.9
4	독일	630.4
5	한국	465.8
6	인도	394.0
7	브라질	340.6
8	멕시코	268.0
9	스페인	235.4
10	프랑스	227.8

자료: 한국자동차산업협회

제55회 토리노 모터쇼에서 공개된 포니 승용차(1974.10.30)

매년 5월 20일은 자동차산업협회에서 정한 '자동차의 날'이다. 현대자동차 포니를 에콰도르에 첫 수출한 게 1999년 5월 20일이다. 그로부터 22여 년 만에 수출누계 1,000만 대를 돌파했다. 이를 계기로 대한민국은 미국, 일본, 독일, 프랑스, 영국, 이탈리아, 스페인, 캐나다에 이어 세계 9번째 대규모 자동차 수출국에 진입했다.

자동차산업은 한국경제를 성공적으로 이끈 주역으로 평가받아야 마땅하다.

또 다른 선택, 반도체산업

 리스크를 감수한 과감한 선택과 집중의 투자전략은 오늘날 대한민국을 눈부신 반도체산업 국가로 만드는 밑거름이 되었다.

세계적 기업이라고 하면 사람들의 머릿속에 가장 먼저 떠오르는 이름 중 하나가 삼성전자다. 최근 세계 각지에서 애플과 소송으로 맞서면서 세계적 기업으로서 그 이미지는 더욱 굳어졌다.

"삼성전자나 LG전자가 없었다면 스마트폰시대에 무엇으로 먹고 살았을까"라고 이야기하는 사람도 있다. 대기업이 열심히 해서 오늘날 삼성전자나 LG전자가 나올 수 있었던 것도 사실이지만 우리나라의 IT제조업이 비약적으로 발전하게 된 데는 정부의 선도적인 전자산업 육성전략이 큰 역할을 했다.

1962년 제1차 경제개발5개년계획을 시작하면서부터 정부는 전자산업을 수출전략산업으로 지정하고 의욕적인 지원 및 육성책을 꾸준히 추진해 왔다.

대한민국의 첫 여성 대통령인 박근혜 대통령이 1970년대에 대학에 진학하면서 전자공학과를 택했던 것은 아버지인 박정희 대통령의 영향을 받아서였겠지만, 박근혜 대통령 역시 전자공업이 경제를 이끌어갈 산업이 될 것이라는 판단을 했을 것이다.

1985년에 전자공업진흥법이 공업발전법으로 흡수되면서 전자산업에 대한 개별 지원은 사라졌지만, 산업 전체에서 차지하는 전자산업의 비중이 워낙 높아서 산업지원정책을 하다 보면 전자산업 분야에 혜택이 많이 돌아갔다. 특히 1986년, 엔화 강세에 자극을 받아 만성적인 대일 부품 무역역조를 개선해 보자고 내놓은 제1차 기계류 부품 및 소재 국산화 5개년계획(1986~1990)이 큰 역할을 했다. 집중개발 품목을 선정해 고시하고 동시에 공업발전기금, 산업기술향상자금, 기반기술향상자금 등 기금을 만들어 금융지원과 정책지원을 함으로써 업계에 제품개발 붐을 일으켰다. 1992년에는 정보통신연구개발법에 근거해 정보통신연구개발사업을 정보통신부 주도로 지원하면서 재원으로 정보통신진흥기금과 통신사업자출연금을 조성해서 연구개발을 독려해 나갔다.

초기에 반도체산업은 외국계 기업들이 국내 양질의 노동력을 활용해 반제품을 가져와 전량을 가져가는 형태로 시작되었다. 우리나라 기업도 처음에는 외국과 합작하여 기술제휴를 맺고 조립해 전량을 수출했다.

오늘날의 반도체산업이 가능한 것은 정부의 전략적 선택과 더불어 민간기업의 전략적 선택이 맞물렸기 때문이었다. 1974년 당시 파산직전에 있던 주식회사 한국반도체를 삼성이 인수하면서 운명과도 같은 '반도체 성공신화'가 시작된 것이다.

당시 이병철 회장, 강진구 사장, 이건희 동양방송 이사 등 세 명이 반도체사업에 진출을 결심하고 시작하긴 했지만, 경영진들은 텔레비전도 못 만드는 형편에 최첨단산업에 뛰어든다는 것은 그룹의 운명을 말아먹을 것이라고 강력히 반대했다.[3]

정부차원에서 IT산업을 육성하기는 했지만 경제기획원에서조차도 '삼성의 반도체 진출은 이병철 회장의 처음이자 마지막 실패작'으로 보았다. 한국개발연구원에서도 반도체산업은 인구 1억이 넘고, 1인당 국민소득 1만 달러를 넘으며, 생산량의 절반 이상을 국내에서 소비할 수 있는 나라에서만 가능한 사업이라는 부정적 의견을 내놓았다.

이런 우려에도 불구하고 삼성전자의 반도체사업부는 삼성그룹의 운명을 위태롭게 할 정도로 많은 투자를 한 끝에 10년 만에 세계를 깜짝 놀라게 한 성과를 내놓았다. 1983년 64킬로바이트^{KB} D램^{RAM}을 6개월 만에 개발하는 데 성공한 것이다. 일본이 64킬로바이트 D램을 개발하는 데 6년이 걸린 것을 감안하면 대단한 성과였다. 이듬해인 1984년에 10월에는 256킬로바이트 D램을 개발했다.

많은 사람들이 우려했던 것처럼 1983년에 반도체 본고장인 실리콘밸리에 현지법인을 설립하고 기흥에 메모리 양산공장을 만들기까지 반도체사업은 '돈 먹는 하마'였으며, 숱한 좌절을 겪지 않을 수 없었다. 반도체사업을 하면서 이병철 회장은 기존의 반도체사업과 별도로 메모리사업을 시작하기로 결심했고, 메모리기술이 가장 발달한 미국에서 근무하는 한국인 기술자에게 애국심으로 호소해 함께 일할 것을 권유해 실리콘밸리에 연구소를 만들었다. 고급 두뇌들이

---

[3] 이건희, 『이건희 에세이-생각 좀 하며 세상을 보자』, 동아일보사, 1997

미국에서 메모리반도체를 연구·개발하여 만든 기술을 한국에서 양산하는 사업이었고, 그 계획이 10년 만인 1983년에 드디어 실현된 것이다. 이후에도 세계 반도체업계를 뒤흔드는 삼성의 선구적인 도전과 혁신은 이어졌다.

- 1992년   64메가바이트 D램 세계 최초 개발
- 1994년   256메가바이트 D램 세계 최초 개발
- 1996년   1기가바이트 D램 세계 최초 개발
- 2001년   4기가바이트 D램 세계 최초 개발
- 2004년   60나노미터 8기가바이트 플래시메모리 개발
- 2005년   60나노미터 16기가바이트 플래시메모리 개발
- 2007년   64기가바이트 낸드플래시 세계 최초 개발
- 2011년   30나노급 4기가바이트 모바일 D램 세계 최초 양산
- 2012년   20나노급 4기가바이트 D램 세계 최초 양산

삼성은 세계 기록을 갱신하며 반도체업계의 새로운 역사를 써 나갔다. 이러한 세계적인 기술 개발에도 불구하고 오랜 기간 속앓이를 겪었다. 막대한 자금을 빨아들이기만 하던 반도체사업부는 1986년까지 2,000억 원의 누적 적자를 기록했다. 당시 삼성의 전체 이익이 1,200억 원이라는 점을 감안할 때 엄청난 액수가 아닐 수 없다. 반도체사업 하나로 삼성그룹 전체가 하루아침에 무너질 수도 있었지만 확신을 갖고 계속 투자를 이어간 결과였다. 반도체사업부가 '황금알을 낳는 거위'로 환골탈태한 것은 투자를 시작한 지 15년이 지난 1988년이 되어서였다. 그 해에 생산된 1메가바이트^{MB} D램이 지난 13년간의 누적 적자를 단숨에 해소하고 남을 만큼의 흑자를 가져다주었던 것이다.

이때부터 삼성반도체는 삼성을 세계적인 기업으로 이끈 일등공신이 되었다. 삼성은 1992년에 세계 반도체기업 1위에 오른 뒤 20년 동안 세계 반도체시장 1위를 지키고 있다. 반도체산업을 선택하고 집중적으로 투자한 전략적 선택이 없었다면 오늘날의 '반도체 강국 대한민국'은 존재하지 못했을 것이다.

반도체기업으로 성공한 것은 삼성전자만은 아니다. SK하이닉스도 우여곡절을 겪으며 살아남아 반도체기업으로 우리 경제에 큰 역할을 하는 데 일조하였다. 1992년부터 반도체 수출이 급격하게 증가했는데, 1995년에는 전체 수출의 14%(177억 달러)를 차지했다. 이후, 2000년에는 260억 달러 수출을 기록해 전체 수출에서 15%의 비중을 차지했으며, 2011년에는 9%(502억 달러) 수출로 반도체가 올린 흑자가 177억 달러에 이른다. 이처럼 반도체기업은 부정할 수 없는 한국경제의 버팀목이 되었다.

● ● 삼성전자 수출에서 반도체 비중(1992년 세계 최초 64메가바이트 D램 개발) ● ●

자료: 한국반도체산업협회

부침이 심한 반도체산업의 특성상 가격 하락과 경기침체로 기업들의 퇴출과 구조 조정도 많았다. 그 과정에서 우리나라 반도체산업은 양적 성장의 일변도를 넘어서 생산의 고도화를 이루었다. 메모리 편중의 생산구조에서 벗어나 비메모리 개발전략을 추진하고 사업영역을 다각화하여 메모리 분야에서 세계 1위, 전체 반도체에서 미국과 일본에 이은 3위의 생산대국으로 발전했다. 리스크를 감수한 과감한 선택과 집중의 투자전략이 밑거름이 되어 오늘날의 눈부신 반도체산업 국가를 만들 수 있었던 것이다.

2. 전략적 자원배분

한국경제 성장의 원천은 자원의 효율적 재분배에서도 찾을 수 있다. 한국경제는 다른 나라 경제와 마찬가지로 생산성이 낮은 부분에서 높은 부분으로 자원을 이동시켜 왔다. 농업에서 제조업으로 제조업 중에서도 경공업에서 중공업으로 끊임없이 이동했다. 그리고 마침내 19년 만에 세계에서 가장 빠른 선진국 수준으로 도약했다.

19년 만에 산업화를 달성한 대한민국

일찍 산업화를 시작한 선진국과 달리 대한민국은 후발주자 가운데서도 뒤늦게 산업화를 시작하여 19년 만이라는, 세계에서 가장 빠른 기간 내에 선진국 수준으로 도약한 유일한 나라다.

　김종일은 '우리나라의 1970~1986년간 총요소생산성이 1.45% 증가하였는데, 이 가운데 0.74%는 기술진보에 의해, 0.71%는 자원의 재배분에 의해 이루어졌다'는 연구결과를 내놓았다. 이는 우리나라가 기술의 진보만큼 자원의 효율적인 재배분도 성공했음을 보여 준다. 노동시장과 관련해서도 노동자원이 농촌에서 도시로 끊임없이 이동해 공급되었기 때문에 산업화가 가능했다. 또한 초고속성장이 가능했던 까닭은 자원배분이 효율적이고 빠르게 이루어졌기 때문이었다.
　고용비중으로 볼 때 1960년대 우리나라의 고용구조는 1700년대의 영국, 1880년 이전의 미국, 20세기 초의 일본과 유사했다. 산업화를 일찍 시작한 선진국과 달리 대한민국은 후발주자로서 뒤늦게 산업화를 시작하여 세계에서 가장 빠른 시일 내에 선진국 수준으로 산업화를 일구어 냈다.

•• 주요국의 산업별 고용구조 ••

국가	연도	농업	산업	서비스업
영국	1700	60.0	15.0	25.0
	1820	40.0	30.0	30.0
	1890	16.0	44.0	40.0
미국	1880	51.9	25.9	22.2
	1900	43.0	30.0	27.0
	1920	30.9	38.7	30.4
	1940	25.5	37.4	37.1
	1950	17.7	43.0	39.3
일본	1880	80.9	6.5	12.6
	1900	68.5	13.5	18.0
	1920	54.4	20.5	25.1
	1940	44.3	26.9	28.8
	1948	56.0	21.3	22.7
한국	1963	63.1	11.2	25.6
	1970	50.4	17.2	32.3
	1980	34.0	28.7	37.3
	1990	17.9	35.0	47.1
	1996	11.7	32.1	56.2
	1997	11.3	30.9	57.8
	1998	12.4	27.5	60.1
	1999	11.6	27.1	61.3
대만	1952	56.1	16.9	27.0
	1960	50.7	21.5	27.9
	1970	35.7	34.4	29.9
	1980	19.6	42.9	37.5
	1990	12.9	41.3	45.9
	1997	8.5	38.1	53.5

주: 농업은 임업수산업 포함, 산업은 광업·제조업·전기·가스·건설업 포함, 서비스업은 여타 부문 포함임
자료: 한국개발연구원, 『한국경제 60년사』 재인용

유정호는 산업화를 '농업 부문의 고용비중이 50% 이상에서 20% 이하로 하락하는 시기'로 정의했는데, 이에 따르면 우리나라는 19년 만에 산업화를 달성했다. 네덜란드 98년, 프랑스 104년, 벨기에 75년, 미국 54년 등 선발 산업국가들이 농업에서 제조업과 서비스업으로 노동력이 이동하는 데 오랜 세월이 걸린 반면, 대만 20년, 말레이시아 26년 등 후발 산업국가들은 비교적 빠른 시간 내에 이동했다. 같은 개발도상국과 비교해도 우리나라는 19년 만이라는 빠른 시간에 농업 인구의 30%가 이동했다. 1963년에는 고용인력 중 63.1%가 농업에 종사하고 있었으나 1999년 11.6%, 2012년에는 7% 미만으로 줄었다.

도시의 성장을 뒷받침하는 기반시설을 갖추다

해외여행을 많이 한 외국인들은 우리나라의 도시, 특히 서울의 기반시설에 혀를 내두른다. 천 만의 인구가 사는 서울 같은 도시가 전기 공급, 도로 교통 정비, 쓰레기 처리 등에 이르기까지 일사분란하게 돌아가는 것은 쉽지 않은 일이다.

자원 재배분을 원활하게 해주는 중요한 조건 중 하나가 도시의 성장을 뒷받침하는 기반시설을 갖추는 일이다. 우리나라는 도시화를 빠르게 진행했는데, 이는 지역 간 자원이동이 잘 이루어졌음을 보여 준다.

인구 1,000만 명을 넘어선 서울은 상하수도 보급률이 99.9%인 등 지금은 기반시설이 선진국 수준을 상회하고 있지만, 해방이 된 즈음에는 사정이 달랐다. 주택이나 도로 등 기간시설이 턱없이 부족한 가운데 농촌인구가 도시로 빠르게 유입되면서 도시인구 증가에 대응하여 도시기반시설을 확충하기가 쉽지 않았다.

GDP 대비 공공 부문의 자본스톡을 비교적 낮지 않은 수준으로 올린 것은 생산성을 높여 경제 성장에 큰 역할을 했다.

우리는 매일 일상에 젖어 잘 모르고 지나치지만 해외여행을 많이 한 외국인들은 우리나라 도시, 특히 서울의 기반시설에 혀를 내두른다. 서울 같은 거대한 도시가 전기 공급, 도로교통 정비, 쓰레기처리 등에 이르기까지 일사분란하게 돌아가는 것은 쉽지 않은 일이기 때문이다. 한 예로 문화도시라고 하는 파리를 다녀온 사람들은 누구나 냄새나는 지하철과 개똥이 나뒹구는 뒷골목을 보고 놀란다.

이렇듯 우리나라의 도시화 수준은 선진국에 전혀 뒤지지 않는다.

인위적인 자원배분전략의
공^{功}과 과^{過}

우리 정부의 인위적인 자원배분전략은 동태적 비교우위를 만들어 가는 과정이었다. 부작용도 있었지만 전반적으로는 긍정적인 영향이 더 컸다고 생각한다.

정부 주도의 자원배분이 시장원리에 역행한 경우도 많았다. 대규모 정책금융을 통해 자원을 배분했고 인위적으로 중화학공업을 육성해서 자원의 손실이 있었으며 무엇보다 오랜 기간 동안의 금융억압으로 금융중개 기능이 약해졌다.

자원배분으로 생산성을 올리는 방법은 생산성이 높은 부문에 인력과 자본 등이 옮겨 가도록 하는 것이다. 자원이 순조롭게 이동하게 하는 것도 중요한 전략이다. 그런데 노동시장이 경직되어 있거나 생산성이 떨어지는 사양산업을 퇴출시키지 못하도록 정부가 규제를 통해 막는 경우 인적·물적 자원이 생산성이 높은 부문으로 이동하지 못한다. 실제로 우리나라는 자금지원이나 강력한 규제를 통해 중소기업을 보호했고 경제개발 초기에는 거의 10년 간격으로 부실기업을 구제해 왔다. 그럼에도 이런 정부의 인위적인 자원배분전략은 성장에 긍정적인 요인으로 작용했다.

비교우위라는 논리를 생각해 보자. 경제학에서 가르치는 기본이론 중 하나가 상대적 우위와 절대적 우위를 구분하는 것이다. 유명한 경제학자 데이비드 리카도^{David Ricardo}는 영국 의회에서 의원들을 상대로 이렇게 설명한 바 있다. 예를 들어, 포르투갈은 포도주와 옷감은 영국보다 적은 비용으로 생산할 수 있는 반면, 영국은 포도주 생산에는 막대한 비용이 들고 옷감 생산은 비교적 적은 비용이 든다. 절대적 우위를 고려하면 영국은 무역으로 이익을 볼 수 없다. 하지만 상대적 우위에 따라 생산에 관련된 제반 비용을 고려하면 포르투갈은 더 큰 이익이 남는 포도주를 수출하고 영국은 포도주를 포기하는 대신 옷감을 수출하여 상호 이익을 볼 수 있다. 이렇듯 각 국가마다 비교우위에 있는 재화와 용역을 특화하여 생산해야 한다는 논리다.

이때 비교우위를 살펴보기 위해 보는 부분이 한 국가가 어떤 자원을 가지고 있느냐 하는 것이다. 전통적인 비교우위는 주로 천연자원이나 인적자원, 지리적 위치 등 부존자원을 보고 결정했다. 하지만 우리나라의 경우는 비교우위의 대상이 되는 자원의 개념도 달랐으며 비교우위의 원리도 다른 점이 있다. 우리나라가 적용한 상대적 비교우위는 전통적 이론에 따른 천연자원에 의해서가 아니라 동태적 비교우위에 의해 결정되었다.

실제로 최근 추세를 보면 산업 내 무역이 급증하면서 비교우위의 결정원인으로서 부존자원의 중요성이 감소하고 있다. 특정 산업을 특화하는 대신에 유사한 산업구조를 가지고 특정 제품의 생산을 특화하는 경향을 보인다. 국제무역이 확대되고 시장이 커지면서 특정 제품을 특화해도 규모의 경제가 실현가능해진 것이다. 즉, 과거에는 부존자원을 놓고 정태적으로 결정하는 비교우위였다면 무역자유화 시대에는 국제무역이 심화되면서 동태적으로 발전해 가는 비교우위로 변해 가고 있는 것이다.

우리 정부의 인위적인 자원배분전략은 동태적 비교우위를 만들어 가는 과정이었다. 부작용도 있었지만 전반적으로는 긍정적인 영향이 더 컸다고 생각한다.

3. 개방과 수출촉진정책

개방전략이 한국경제를 일으키는 버팀목이 되었다는 데 이의를 달기는 어렵다. 한국은 빠른 자본 축적을 위해 수출을 늘리는 데 노력을 했다. 지나고 보니 수출지향전략이 당연해 보이지만, 1960년대에는 반대도 많았다.

수입대체전략에서
수출지향전략으로 전환

> 우리의 수출촉진전략이 성공할 수 있었던 것은 이 전략이 관료들에 의해 수행되었지만 수출기업의 성공과 실패는 관료들의 평가가 아니라 세계시장에서 기업들이 거둔 실적으로 평가된다는 점에 있었다.

개방전략이 한국경제를 일으키는 버팀목이었다는 데 이의를 달기는 어려울 것이다. 개도국들이 모두 개방전략을 택한 것은 아니다. 박정희정부가 다른 개도국이 택한 수입대체전략Import Substitution Strategy에서 수출지향전략Export-led Growth Strategy으로 전환한 것은 매우 중요하다. 한마디로 한 국가 내부에서 만들 수 있는 것은 국내생산으로 대치하는 것이다.

제2차 세계대전 이후 대부분의 개발도상국들이 농수산물과 같은 제1차 상품을 수출하는 것에서 시작했지만 이후 많은 국가들이 수입대체전략을 채용하고 관세 등 기타 수입장벽을 설치하여 최종재의 국내생산을 실행했다. 그러나 원재료, 부품, 기계설비 등을 수입해야만 해서 대부분의 국가들은 국제수지가 악화되어 성장이 둔화될 수밖에 없었다.

우리나라는 수입대체전략에 결별을 고하고 노동집약형의 경공업을 비롯한 공업제품의 수출을 촉진하는 발전전략으로 전환했다. 수많은 개도국, 특히 남미와 아프리카 국가들이 수입대체전략에서 빠져나오지 못하고 많은 것을 잃었다. 수입대체전략을 계속하였던 국가들은 성장이 한참 정체된 뒤에야 비로소 수출지향전략을 채용했지만 이는 소 잃고 외양간 고치는 격이었다.

수출촉진전략이 성공할 수 있었던 것은 이 전략이 관료들에 의해 수행되었지만 수출기업의 성공과 실패는 세계시장에서 기업들이 거둔 실적으로 평가된다는 점에 있었다.

수출시장은 전 세계인이 지켜보는 투명한 시장이다. 오직 열심히 뛴 자만이 이 시장에서 살아남는다. 수입대체전략 하에서는 독과점적 수입업자나 이를 허가해 주는 관료들이 떡고물을 챙길 여지를 갖는다. 하지만 수출촉진전략을 쓰면 독과점적 수입업자에게 돌아갈 지대^{Rent}가 사라진다. 박정희정부는 수출과 수입의 연계정책을 실시하여 수입도 수출의 인센티브로 활용했다.

1962년 경제개발계획은 빈곤문제를 해결하고 장기적인 안목에서 자립경제를 마련하기 위한 경제개발을 계획해 나가야 한다는 방향설정에서 시작했다. 천연자원도 빈곤하고 축적한 자본도 없는 상황에서 가장 손쉽게 경제를 일으키는 방법은 풍부한 노동력을 활용하는 것이다. 해외에서 원재료를 들여다 조립·가공해 파는 조립가공업이 그 대표적인 예다.

한국은 빠른 자본 축적을 위해 수출을 늘리는 데 집중했다. 지나고 보니 수출지향전략이 당연해 보이지만, 1960년대에는 반대도 많았다. 무엇보다 제2차 세계대전 이전까지 개도국이 선진국과 관계를 갖는다는 것은 제국주의와 접촉하는 것을 의미했는데, 특히 제국주의로 식민지시절을 겪었던 우리 국민에게는 정서적으로도 맞지 않는 것이 사실이었다. 게다가 1960년 당시에는 공산체제에 있는 소련이 고도성장을 보이면서 대공황을 겪었던 선진자본주의 국가보다 나아 보이는 측면도 있었다.

직접적인 동기는 외환보유고의 급감이다. 초기 2년간은 군사정권이 조급한 마음에 전시효과를 노린 비현실적이고 외화낭비적인 투자를 하는 우를 범했다. 제1차 경제개발5개년계획 초기인 1961년과 1962년에는 계획사업의 집행을 위해 원리금 상환문제를 심각하게 생각하지 않고 단기 상업차관을 도입했다. 이로 인해 외환보유고가 1961년 말에 2억 500만 달러에서 급격히 감소해 1963년 9월 말에는 1억 700만 달러가 되었다. 외환보유고를 늘려야겠다는 동기에서 시작했지만, 정부 주도의 정책을 펴 나가면서도 성공할 수 있었던 까닭은 기업이 움직이도록 끊임없이 유인체제를 마련했기 때문이다.

외환보유고가 급감하자 정부는 1963년 1월 1일 '수출 링크제'를 실시했다. 이는 수출업자에게 수출대금 전액을 수입에 사용할 권리를 주는 것이었다. 이러한 가운데 공정환율을 올려 평가절상된 원화가치를 현실화했다. 수출을 장려하자면 원화 가치의 하락이 필요하지만 국내적으로는 물가상승이 문제이고 외부적으로도 불균형환율에 압력을 받았던 우리 정부는 수출환경을 수출업자에게 유리하게 가져가면서 국내경제의 안정을 위해 공정환율과 수출환율을 구별해 운용하는 이중환율제도를 활용했다.

정부는 원화의 과대평가를 해소하기 위해 1960년 2월과 10월, 이후

•• 경제개발계획 초기의 원화환율 추이 ••

	원달러 환율			수출환율/ 공정환율	시장환율/ 공정환율
	공정환율	수출환율	시장환율		
1955	30.0	78.1	77.6	2.60	2.56
1956	50.0	102.9	96.6	2.06	1.93
1957	50.0	108.9	103.3	2.18	2.07
1958	50.0	114.0	118.1	2.28	2.36
1959	50.0	134.7	125.5	2.69	2.51
1960	62.5	146.4	143.7	2.34	2.29
1961	127.5	142.1	148.3	1.11	1.16
1962	130.0	nt	134.0	na	1.03
1963	130.0	169.8	174.5	1.31	1.34
1964	214.3	254.0	285.6	1.19	1.33
1965	265.4	nt	316.0	na	1.23
1966	271.5	nt	302.7	na	1.11
1967	270.7	nt	301.8	na	1.11
1968	274.6	nt	304.1	na	1.11
1969	285.3	nt	323.6	na	1.13
1970	304.5	nt	342.8	na	1.13

자료: 한국개발연구원, 『한국경제 60년사』 재인용

1961년 2월에 공정환율을 대폭 절하했다. 환율을 절하하면서 수출은 급격히 늘어났지만 무역역조 현상은 쉽게 해소할 수 없었다. 1960년 한 해 동안 수출은 66% 증가했으며, 1964년까지 매년 연평균 43%나 증가했다. 수출이 급증하자 정부는 때를 놓치지 않고 본격적인 수출진흥책을 추진했다. 환율을 다시 대폭 절하했다. 기존의 복수환율제도에서 단일변동환율제도로 전환하면서 기본환율을 '130원/달러'에서 '255원/달러'로 거의 두 배나 올렸다. 정부는 환율제도 개혁과 함께 기존의 임시방편적 수출지원수단인 수출보조금과 수출입 링크제를 폐지하고 종합적인 수출유인책을 마련했다.

"수출만이 살 길이다"
전 국민이 한마음으로 외치다

대통령부터 국민에 이르기까지 국가 전체가 수출촉진전략에 한마음이 될 수 있었던 것은, 수출만이 우리나라가 오랜 절망과 굶주림에서 벗어나 희망과 긍지를 갖고 자립경제의 기틀을 닦을 수 있는 원동력이라는 믿음을 공유했기 때문이다.

우리나라가 수출촉진을 위해 채택한 방법은 흥미롭다. 수출촉진을 전 국민의 관심거리이자 어젠다로 승화시켰던 것이다. 1964년 11월 30일, 광화문 거리에 '수출 1억 달러 돌파', '경축 제1회 수출의 날'이라는 현수막이 내걸렸다. 같은 날, 세종문화회관에서는 '국민축제 한마당'이 열렸다. 그간 피땀 흘려 이루어낸 '수출 1억 달러 달성'의 감격에 온 국민이 기쁨으로 어깨춤을 절로 추고 가슴 벅차는 모습을 담은, 소위 '대한뉴스'를 계속 방영했다.

수출이 5,000억 달러를 넘는 요즘에는 상상하기 어려운 광경이지만, 당시 우리나라는 UN 가입국 가운데서 극심하게 못사는 나라에 속했으며 우리보다 못사는 나라는 인도가 유일할 정도였다. 1960년대 초 필리핀은 1인당 국민소득이 500달러였는데 우리나라는 70~80달러에 불과했으며, 우리나라 수출액이 3,000만~4,000만 달러인 데 비해 북한 수출액은 2억 달러였다. 이런 상황에서 '수출 1억 달러 달성'은 정부 주도로 수출제일주의를 강력하게 밀고 나간 끝에 이룬 쾌거였다. 정부는 수출 1억 달러를 달성한 날을 '수출의 날'로 지정해 매년 기념행사를 해 오고 있다.[4]

수출의 노래도 만들어 불렀다. "지혜와 땀방울을 함께 쏟아서 모두가 뛰어난 우리 제품을 만들자, 내보내자, 벌어들이자. 번영의 길은 수출뿐이다. 늘어가는 수출에 커가는 나라"라는 노랫말에 잘 나타나 있듯이 전 국민의 머릿속에는 수출만이 절대 명제로 자리 잡았다.

상공부에서 수출을 진두지휘했던 오원철 전 공업1국장은 1964년이 가기 두 시간 전인 12월 31일 저녁 10시경에, 1억 2,000만 달러의 수출 목표를 달성하던 순간을 잊지 못한다고 했다. 퇴근도 안 하고 대기하고 있던 상공부 직원들은 모두 감격의 만세를 불렀고 박충훈 상공부 장관은 대통령에게 전화로 보고했다.

"각하! 수출 대전代錢 1억 2,000만 달러가 입금됐습니다. 이로써 금년도 목표를 달성했음을 보고 올립니다. 1963년에 8,680만 달러를 수출했으니 전년대비 39.3%의 신장률입니다. 아울러 제1차 5개년계획을 2년 앞당겨 달성했음도 보고 올립니다."

대통령도 그때까지 잠도 자지 않고 전화를 기다렸을 정도로 수출실적에 관심을 쏟았다.

이렇게 대통령부터 국민에 이르기까지 국가 전체가 수출촉진전략에 한마음이 될 수 있었던 것은 수출이 우리나라가 오랜 절망과 굶

---

4) 1987년부터 '각종 기념일 등에 관한 규정'에 따라 '무역의 날'로 명칭을 변경했다. 2011년 12월 5일 우리나라가 세계에서 아홉 번째로 '무역규모 1조 달러'를 달성한 것을 기념하기 위하여 '무역의 날'을 12월 5일로 변경했다.

주림에서 벗어나 희망과 긍지를 갖고 자립경제의 기틀을 닦을 수 있는 원동력이라는 믿음을 공유했기 때문이다. 정부와 기업 그리고 현장 근로자들은 똘똘 뭉쳐서, "우리의 살 길인 수출"을 향해 밤낮 없이 달렸다. 예상보다 일찍 괄목할 만한 성과가 나오면서 전 국민의 사기는 올라갔고, 저마다 일터에서 신바람 나게 일에 매진할 수 있었다.

여기서 빼놓을 수 없는 것이 수출진흥확대회의다. 1965년부터 박정희 대통령이 이 회의를 매달 직접 주관했는데, 24시간 수출만 생각했던 박 대통령은 이 회의에 총 177회 참석했다. 여기에는 정부 장관들, 경제관련 주요 인사들과 기업 총수들이 참석했다. 이 자리에서 박 대통령은 수출증진 기업인의 목소리를 듣고 곧바로 실행에 옮겼다. '원스톱 서비스'인 셈이었다. 수출을 위해서라면 그 자리에서 금융·세제 혜택을 주는 것은 물론 각종 수출지원제도를 당장에 마련했다.

이런 노력 끝에 1970년, 우리나라는 드디어 수출 10억 달러를 달성하기에 이른다. 다시 '1980년 수출 100억 달러 달성'이라는 목표를 세우는데, 이번에는 상황이 달랐다. 일본의 100억 달러 수출 기록을 분석했는데 우리나라 여건에서는 절대 불가능하다는 예측 결과가 나왔기 때문이다. 하지만 박 대통령은 "안 되면 되게 하라"라고 외치면서, '전 산업의 수출산업화, 전 제품의 수출상품화, 전 세계의 수출시장화'를 내걸고 수출을 더욱 강력하게 밀어붙였다. 그리고 마침내, 3년 뒤인 1977년에 우리나라는 기적처럼 수출 100억 달러를 달성했다. 그간 중화학공업 육성정책을 펴 오면서 우리나라 제조업 수출에서 중화학공업제품 비중이 42.7%로 높아졌으며, 수출대상국도 33개국에서 133개국으로 대폭 증가했다. 수출품목 1,200여 개, 연간 신장률 42.4%라는 경이로운 기록도 세웠다. 그해 11월 30일 세종문화회관에서 열린 '제13회 수출의 날' 행사에서 박 대통령은 말했다.

"국민 여러분, 오늘은 우리 민족의 역사에 영원히 기록될 날이 될 것입니다. 누가 우릴 못 사는 민족이라 했습니까?"

장내에 있던 모든 사람들이 믿기지 않는 '수출 100억 달러 달성'을 자기 일로 여기고 성취감과 기쁨에 젖었다. 나라의 목표를 위해 쏟아부었던 피와 땀이 배인 나날들이 주마등처럼 모든 사람들의 머릿속을 스쳐 지나갔을 것이다.

이후 기업인들은 '수출애국'을 입증하듯이 서로 경쟁하면서 놀라운 실적을 쌓아 올렸고 해마다 '수출의 날' 시상식장에서 빛나는 훈장을 받았다. 당시 수출훈장은 마치 국가를 위해 생명을 바쳐 싸운 군인이 받는 무공훈장처럼 매우 비장하고도 자랑스러운 상이었다.

4. 중화학공업 육성

중화학공업 육성을 위한 지원은 자본, 인력, 기술 세 가지 측면에서 다각적으로 이루어졌다. 1960년대와 1970년대 우리나라가 중화학공업화라는 전략을 택하지 않았다면 오늘날과 같은 경제 성장은 이루기 어려웠을 것이다.

중화학공업 육성정책, 왜 시작했나?

1968년, 미국이 닉슨 독트린에서 주한 미군의 단계적 철수를 발표했지만 북한의 도발이 더욱 극성을 부리면서 우리나라는 자주국방을 위한 방위산업 육성이 절실해 졌다. 노동집약산업의 저임금 국가에서 벗어나 고부가가치산업을 모색해야 할 필요성이 커진 것도 중화학공업을 육성한 이유였다.

한국경제에서 중화학공업화 육성정책을 어떻게 볼 것인가는 매우 중요한 문제이다. 중화학공업화 육성정책을 왜 시행했고, 과연 적절한 시기에 시작했는가, 또 결과적으로 한국경제에 어떤 영향을 미쳤는가에 대한 다양한 의견이 있다.

우선, 긍정적인 결과를 살펴보면, 20년간 지속된 공업화와 수출지향형 경제구조는 우리나라에 잘 교육받고 근로의식을 애국심과 동일시하는 열정적인 노동력을 만들어냈다. 게다가 이들은 임금도 저렴해 국가발전의 원동력으로 작용할 수 있었다. 이 덕분에 공업화를 이끌어 가는 과정에서 정식관료와 기업가들이 인적자율을 형성해 국제경쟁력을 가질 수 있었다.

중화학공업 육성정책이 국가경제에 준 부정적 영향도 많다. 정책금융을 통해 저리의 자금을 대출해 주니 능력 있는 기업에 자금이 흘러가지 못했고, 부실기업을 양산해내고 부실채권을 축적시켜 훗날 국가경제에 짐이 되었다. 또한 자본집약산업을 육성하느라 대기업 위주의 산업발전을 취해서 중소기업 경쟁력이 취약해지고, 과다한 통화팽창으로 고물가가 고착화되었다. 외국의 자본재와 중간재를 수입해 중화학공업을 건설하여 만성적인 적자에 허덕였다. 무엇보다 관치금융의 만연으로 금융 시스템의 경쟁력을 키울 겨를이 없었다.

그러나 이러한 공과를 떠나서 정부가 중화학공업을 추진할 수밖에 없었던 배경을 생각해 볼 필요가 있다. 1968년, 미국이 닉슨 독트린Nixon Doctrine에서 주한 미군의 단계적 철수(1971~1975)를 발표했지만, 북한의 도발이 더욱 극성을 부리면서 우리나라는 자주국방을 위한 방위산업 육성이 절실해졌다. 노동집약산업의 저임금 국가에서 벗어나 고부가가치산업을 모색해야 할 필요성이 커진 것도 중화학공업을 육성한 이유였다.

1973년, 본격적인 중화학공업 육성정책의 시작

1973년 6월, 정부는 중화학공업 육성계획을 발표했다. 1인당 국민소득 1,000달러, 수출 100억 달러를 목표로 중화학공업 비율을 1972년 35%에서 1981년 51%로 늘리겠다는 구체적인 목표를 제시한 것이다.

중화학공업의 육성은 주로 1972년에서 1981년에 이르는 제3차와 제4차 경제개발5개년계획기간 중 이루어졌다. 본격적인 중화학공업 육성정책은 1973년에 시작했다. 박정희 대통령은 1월 12일 연두年頭 기자회견에서 중화학공업을 육성하겠다는 선언을 했고, 이어 6월에 중화학공업육성기획단에서 중화학공업 육성계획을 발표했다. 1인당 국민소득 1,000달러, 수출 100억 달러를 목표로 중화학공업 비율을 1972년 35%에서 1981년 51%로 늘리겠다는 구체적인 목표를 제시했다.

이는 공업구조를 고도화한다는 의미이기도 했다. 수출에 있어서도 철강·비철금속·기계·조선·전자·화학공업 등 6대 종목을 전략종목으로 선정하여 수출상품의 고도화를 진행했다.

그해 12월에 제1차 석유파동이 일어나면서 1977년에 시작한 제4차 5개년계획에서는 중화학공업 육성정책을 수정하기는 했지만 1979년

4월에 종합안정화계획이 실행될 때까지 일관되게 실행했다.

중화학공업의 지원은 자본, 인력, 기술 세 가지 측면에서 다각적으로 이루어졌다고 볼 수 있다. 자본을 모으기 위해 선정한 업종에 장기적인 정책금융을 공급했고 조세 유인을 통해 자본이 모이기 쉬운 환경을 제공했다.

가장 중요한 것은 금융지원이었는데, 방대한 자본을 제공하기 위해 정부는 전형적인 금융억압정책을 통하여 금융체제 전반을 통제하면서 저금리의 무한금융 배급을 실시했다. 1974년에 조성한 국민투자기금이 대표적인 예이다. 은행을 중심으로 보험사와 공공기금에서 출연했으며, 조성한 자금은 금융기관에 대여하는 형태로 운영하면서 최장 8~10년의 장기대출로 했고 예금은행의 일반 장기대출 금리에 비해 5% 더 낮은 금리로 대출해 주었다. 국민투자기금만으로는 부족하여 은행을 통해 정책금융이라는 명목으로 대규모 대출을 직접 제공했다.

외자도입도 했는데, 대규모 중화학공업 투자가 이루어진 1970년대 하반기에는 상업차관 도입액의 46%를 중화학공업 외국산 시설재를 구입하는 데 사용했다. 또 다른 자금 지원은 간접적인 조세혜택 등을 통해 이루어졌다. 1975년에 중화학공업 지원을 위한 조세감면법을 마련하면서 산업정책수단으로 조세감면을 이용했다.

다른 나라의 공업화전략과
차별화된 특징적 현상

우리나라의 중화학공업전략은 규모의 경제와 해외시장을 지향했다. 공학적으로 대형화를 통해 규모의 경제를 살리지 않고는 해외시장에서 경쟁력을 확보하기 어렵다는 인식이 작용한 것이다.

인력 측면에서도 중화학공업 발전에 적절한 뒷받침이 있었다. 우선, 기업가들이 정부정책에 적극적으로 호응하고 중화학공업을 이끌어가는 주도적 역할을 했다. 박태준이 이끄는 포항제철의 철강산업을 발전시키기 위한 저돌적 추진력, 황무지 바닷가에 조선산업을 일으킨 정주영의 선박발주 노력 등 지금도 상상하기 어려운 일을 해낸 기업가들이 있었다.

또 1970년대 초 우리나라 농업에 과학기술을 접목시켜 이룬 '통일벼'가 농업생산성을 획기적으로 높였다. 이로써 최소한 우리 주식인 쌀은 자급이 가능해졌고 노동력을 제조업으로 이동시킬 수 있었다. 또한 중화학공업에 필요한 근로인력에 값싼 끼니를 제공할 수 있어서 간접적으로 생산성을 높여 주는 역할을 했다.

기술면에서도 공업화 진전 속도에 비례해 필요한 기술을 어떻게 도입하고 개발하는지가 핵심 문제가 되었다. 초기에는 턴키방식으로 공장을 건설하는 등, 필요한 기술을 충당해 나갔지만 1970년대 이후에는 자체 기술개발의 필요성이 커져서 기능인력과 기술인력을 양성하고 국내 연구역량을 키우기에 힘썼다. 이렇게 시작한 기술개발 노력은 오늘날 과학기술 발전의 근간이 되었다.

박영구는 우리나라의 중화학공업 발전전략이 다른 나라의 공업화 전략과 다른 특징적인 현상을 보였다고 주장한다. 우선, 우리나라의 중화학공업전략은 해외시장을 지향했다. 중화학공업화의 궁극적인 목표는 국내수요만 충족시키는 수입대체화가 아니라 '수출 100억 달러 달성'이었다. 대형화를 통해 경제를 살리지 않고는 해외시장에서 경쟁력을 확보하기 어렵다는 인식이 작용했던 것이다.

두 번째, 계획을 짜고 추진한 것은 정부였지만 실행주체는 삼성·현대와 같은 민간 대기업이었다는 점이다. 정부는 세제나 금융 지원을 통해 기업이 열심히 뛸 수 있는 환경을 마련했다. 이 부분은 다른 개발도상국가의 중화학공업전략과 확실히 차별화된다.

세 번째, 우리나라는 중화학공업화를 매우 현실적으로 기본적인 수요여건과 예산제약을 감안해 추진했다. 최종제품 생산을 우선하면서 중간제품과 원료의 순서로 올라가는 후방연관효과를 극대화하는 과정을 채택해 진행했다.

중화학공업화는 그 성과 못지않게 부작용도 컸다. 우리 경제가 제조업 위주로 불균형 성장을 하게 되었으며 도농 간 격차, 재벌 형성 등의 문제점으로 나타났기 때문이다. 그러나 1960년대와 1970년대에 우리가 중화학공업전략을 택하지 않았다면, 오늘날과 같은 경제성장은 이루기 어려웠을 것이라는 점만은 분명하다.

5. 새마을운동, "잘살아 보세"

새벽종이 울렸네 새아침이 밝았네
너도나도 일어나 새마을을 가꾸세
살기 좋은 내 마을 우리 힘으로 만드세

박정희 대통령이 직접 작사·작곡한 <새마을 노래>다. 이 노래는 <잘살아 보세> 노래와 함께 1970년대에 우리나라 방방곡곡에 울려 퍼졌다. 마을마다 스피커를 달아 놓고 아침이 되면 이 노래를 틀었다. 지금 들어봐도 당시 빈곤에 허덕이던 우리 농민들이 가난을 탈피하고 싶어 했던 열렬한 마음이 느껴진다. 이런 염원을 담은 새마을운동 열풍은 전국 농촌에서 신바람처럼 급속하게 퍼져 나갔으며 나중에는 도시, 공장으로까지 번졌다.

전국적으로 일어난 신바람, '하면 된다'

> 박정희 대통령은 새마을운동을 시행한 다음 해인 1971년, 그간의 새마을운동을 평가하는 회의를 주재하면서 새마을운동 성공의 결정 요인이 '근면, 자조, 협동'임을 알고 이 세 가지를 새마을운동의 정신으로 삼았다.

1970년대 우리 농촌은 정부의 수출주도 공업화정책으로 인해 소외되었다. 1960년대 정부의 농업생산력을 늘리기 위한 노력에 따라 농촌 소득이 어느 정도 증가하기는 했지만 여전히 농촌 생활환경은 낙후되어 있었다. 당시 농촌의 80%가 초가지붕이었고, 전기가 들어간 마을은 20%도 되지 않았을 뿐만 아니라, 자동차가 드나들 수 있는 길이 확보된 마을은 50%에 불과했다. 이런 상황에서 농촌의 진정한 근대화는 요원하기만 했다.

이때 박정희 대통령은 농촌 생활환경의 개선 필요성에 주목했다. 1970년 4월 22일, 수해지역을 돌아보던 박 대통령은 경북 청도읍 신도 1리에 들렀는데 그 마을이 수해복구가 잘됐을 뿐만 아니라 마을 안길을 넓히고 지붕도 개량한 것을 보았다. 박 대통령은 이 놀라운 성과를 마을 주민들의 자발적인 노력으로 이루었다는 점에 감명받았다. 그날 박 대통령은 한해 대책 지방장관회의 유시諭示에서 이렇게 말했다.

> "하늘은 스스로 돕는 자를 돕습니다. 농민들이 자발적으로 나서 4,000년 묵은 가난을 몰아내도록 의욕을 불러일으켜야 합니다. 먼저 농촌의 생활환경을 바꾸는 '새마을 가꾸기 사업' 부터 벌여보도록 합시다."

이를 계기로 새마을운동이 촉발되었다. 그해, 정부는 전국 3만 4,000여 개 마을에 각각 시멘트 300여 포대를 무상으로 지급해 새마을 가꾸기를 시험적으로 실시했다. 이때 중점적으로 추진했던 사업은 마을 진입로·소하천·소유지 정비, 공동 빨래터·퇴비장 설치, 공동 우물·마을식수 조성 등이었다.

그 결과 절반의 성과를 거두었다. 1971년에 정부는 성과를 거둔 마을을 대상으로 시멘트 500포대와 철근 1톤씩을 지원했다. 여기서부터 '하면 된다'라는 신바람이 전국적으로 일어나기 시작했다.

1971년부터 1978년까지 정부는 마을당 평균 약 2,100포대의 시멘트와 2,600kg의 철근을 무상으로 지원했다. 이것을 1974년 시가로 환산하면 매해 200달러씩, 8년 동안 마을당 평균 2,000달러(250만 원)를 지원한 것이다.

박 대통령은 새마을운동을 시행한 다음해인 1971년, 그간의 새마을운동을 평가하는 회의를 주재하면서 새마을운동 성공의 결정요인이 '근면, 자조, 협동'임을 알고 이 세 가지를 새마을운동의 정신으로 삼았다.

농촌을 환골탈태시키고, 도시와 공장으로 번져 나가다

환경개선 사업으로 추진하다가 1974년부터는 소득증대에 역점을 두어 진행해 농촌을 환골탈태시킨 새마을운동은 이후 도시와 공장으로 번져 나갔다.

초기의 새마을운동은 마을 주변의 도로 개발, 지붕 개량, 연료 대체, 상수도시설 건설, 전등화 생활, 전화 가설, 보건진료소 설치, 마을회관 건립 등 환경개선 사업으로 추진했다. 주민들은 마을회관에서 거의 매일 밤마다 회합을 가질 정도로 적극적으로 동참했다. 이는 새마을운동에 실제 투입된 시간보다 더 많은 시간이었다.

새마을운동에서 주목할 점은 당시 주민들이 가진 민주적 회합의 가치이다. 회합에는 한 가구에서 한 사람씩, 남녀노소 구분 없이 참가했다. 전통사회에서는 마을 일은 남자 어른들 몇 사람이 모여 결정하는 것이 관례였다. 그러나 새마을운동에서는 주민들의 다수결에 의해 결정해야 할 일들이 많았다.

새마을운동에 대한 열의는 남성들보다 여성들이 더 높았다. 그것은 여성들이 농촌의 전근대적인 생활환경을 근대화하는 데 더 많은 관심을 가졌기 때문이었다. 마을 총회에 여성들이 적극적으로 참여함으로써 "암탉이 울면 집안이 망한다"라는 전통사회의 남존여비 사고방식을 바꾸는 계기가 되었다. 새마을운동 사업 때문에 한국의 농촌 주민들은 역사상 일찍이 경험하지 못했던 '민주적 의사결정'을 마을회관에서 수없이 실천했던 것이다.

이와 함께 농촌에는 민주주의 역량이 높은 새마을운동 지도자들이 많이 양성되었다. 전국적으로 약 6만 6,000명의 새마을운동 지도자들이 활동을 펼쳤다. 1974년부터 새마을운동은 소득증대에 역점을 두었다. 제2차 농어민소득증대특별사업(1972~1976)이 새마을소득증대특별사업으로 통합했다. 소득작목 개발, 기계화 영농단, 초지조성, 농특사업, 영세농자립시범사업, 농어촌저축활동, 새마을소득종합개발 사업을 전개해 나갔다. 이렇게 해서 1982년까지 새마을운동에 투자한 금액은 5조 2,583억 원에 달했다. 이 가운데 정부가 51%인

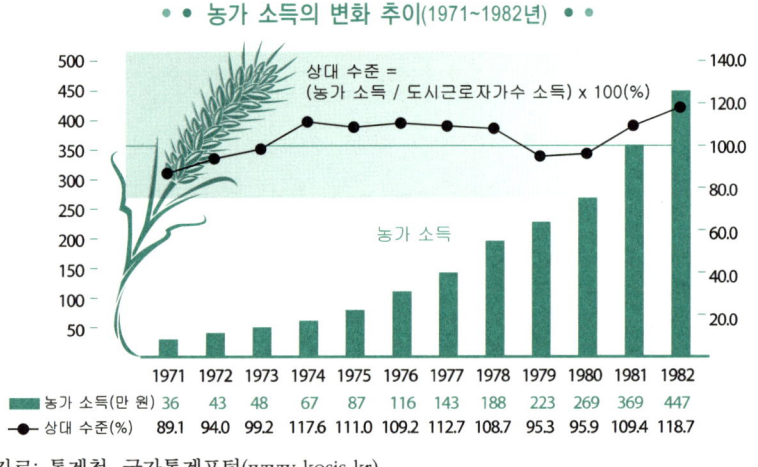

자료: 통계청, 국가통계포털(www.kosis.kr)

2조 6,817억 원, 주민들이 49%에 해당하는 2조 5,766억 원을 투자했다.

새마을운동에서 빠질 수 없는 것은, 주민들의 헌신적인 노동이었다. 1971년에서 1978년까지 새마을운동에 마을 주민들이 제공한 노동일수는 연평균 약 800일에 달했다. 마을당 농가 호수를 60세대로 계산할 경우 농가 호당 약 13일의 노동을 새마을운동에 헌신하였음을 의미한다.

이러한 정부와 농민의 노력은 농가 소득이 1971년 35만 6,000원에서 1982년에는 446만 5,000원으로 약 12.5배 증가하는 결과를 가져왔다. 심지어 1982년에는 농가 소득이 도시근로자 소득을 초과하는 결실을 맺었다.

한편, 농촌을 환골탈태시킨 새마을운동은 농촌지역에만 머물지 않고 도시와 공장으로까지 번져 나갔다. 도시에서는 '정신질서', '행동질서', '환경질서'의 3대 질서운동을 추진하는 도시새마을운동이 생겨났다. 공장에서는 "종업원을 가족처럼, 공장 일을 내 일처럼"이라는 모토로 공장새마을운동을 전개했다.

6. 적절한 시기의 세계무대 신고식

적절한 시기에 알맞은 이벤트를 통해 국민의 에너지를 응집하는 방법을 활용하는 전략을 펼쳐낸 것도 한국경제 성장의 엔진으로 작용했다. 서울올림픽을 성공적으로 개최한 이후 우리는 국제적 시야가 크게 넓어졌고 더 개방적으로 변했으며, 국민은 자신감과 자부심을 갖게 되었다.

대한민국,
서울올림픽으로 세계무대에 등장

1988년 올림픽을 개최하기 전까지 대한민국은 급속한 경제 발전을 이루었지만 여전히 아시아의 이름 없는 신흥 개발도상국에 지나지 않았다. 이때, '화합·전진'이라는 모토를 내세웠던 서울올림픽은 우리나라가 세계무대에 등장하며 치른 신고식이었다.

국민의 에너지를 응집하는 방법을 적절히 활용하는 전략을 펼쳐 낸 것도 한국경제 성장의 엔진으로 작용했다. 사마란치Juan Antonio Samaranch 국제올림픽위원회 위원장이 "근대 올림픽 100년 사상 가장 성공한 최고 수준의 올림픽"이라고 극찬한, 1988년 대한민국에서 개최한 서울올림픽이 바로 그것이다.

올림픽을 성공적으로 개최한 이후 우리의 국제적 시야는 크게 넓어졌고 더 개방적으로 변했으며, 국민들은 더욱 자신감과 자부심을 가졌다. 올림픽 직후 국내 여론조사 결과, 응답자의 91%가 올림픽의 성공은 대한민국이 소련, 중국, 동유럽 등 사회주의 국가와 관계를 개선하는 데 도움이 됐다고 답했다. 또한 87%는 올림픽이 국민들에게 자부심을 갖도록 했다고 밝혔으며, 56%는 올림픽이 민주화의 진전을 촉진시킬 것이라고 응답했다.

1988년 올림픽을 개최하기 전까지 대한민국은 급속한 경제 발전을 이루었지만 여전히 아시아의 이름 없는 신흥 개발도상국에 지나지 않았다. 이때, '화합·전진'이라는 모토를 내세웠던 서울올림픽은 우리나라가 세계무대에 등장하며 치른 신고식이었다.

1988년 9월 17일부터 10월 2일까지 서울에서 열린 제24회 올림픽은 전 세계 160여 개국이 참가해 올림픽 사상 최대 규모로 진행했다. 이전에는 동서냉전東西冷戰으로 인해 동구권 국가들이 하계올림픽에 불참했다. 그런데 서울올림픽에는 서방국가와 더불어 동구권 사회주의 국가들이 대거 참가함으로써 이념 대립을 넘어서 손에 손을 잡는 화합의 장을 이루었다.

서울올림픽을 개최하기까지의 길은 결코 순탄치 않았다. 박세직 당시 올림픽조직위원장은 '20주년 기념식'에서 다음과 같이 밝혔다.

> "군사정권을 반대하는 맥락에서 서울올림픽을 반대하는 일부 학생이나 재야단체들의 반발과 저항이 너무나 극렬하였고, 북한의 테러(이웅산 사건, KAL 858기 폭파사건 등)가 잇달아, 서울올림픽은 안전이 보장되지 않으니 개최지를 다른 곳으로 옮기자는 제의가 IOC 위원 간에 공공연히 거론될 만큼 큰 난관에 봉착했다. 여기에다 개회식 날을 전후해 태풍이 몰아닥친다는 기상예보 때문에 얼마나 마음을 졸였는지 모른다. 서울올림픽은 사실상 3불가三不可론, 사람으로 비유하면 사형선고나 다름없는 경고를 받아 놓았던 올림픽이었다."

이러한 불리한 상황 속에서도 전 국민이 "우리도 해낼 수 있다"라는 자신감을 가지고 한민족 최대의 축제인 서울올림픽을 위해 헌신했다. 언론매체는 앞다투어 민족의 발전과 단결을 호소하면서 선진

조국을 달성하자고 역설했다. 당시 극렬하게 대립하던 공안당국과 대학생, 재야단체들도 올림픽을 성공적으로 치르기 위해 상호 간 대립관계를 일시적으로 멈추고 데모와 화염병 투척을 자제했다. 이렇게 해서 정부와 조직위원회, 기업인, 주최도시, 지방자치단체, 종교단체, 시민단체와 자원봉사자들이 모두 자신의 일처럼 발 벗고 나서서 봉사와 협조를 했다.

자원봉사의 경우 중·고등학생, 대학생, 직장인에서 가정주부, 노인과 해외동포까지 망라했는데, 그 수가 1만 5,000여 명에 달했다. 이들은 식사제공과 하루 교통비만 받고 올림픽 개최기간 내내 땀을 흘렸다. 자원봉사자들은 국가 대행사를 자신의 두 손으로 치른다는 순수한 마음으로, 올림픽기간과 겹친 추석까지도 반납했다.

무엇보다 올림픽의 성공적 개최 요인으로 국민들의 자발적인 협조와 성숙한 질서의식을 빼놓을 수 없다. 자가용 홀짝수제를 잘 따라 교통체증 문제를 없애는 것은 물론 경기장에 버려진 휴지 줍기, 줄 서기 등에 앞장섰다.

이러한 전 국민적인 성원에 보답이라도 하듯이 당시 한국 대표선수들이 거둔 성적은 놀라웠다. 금 12개, 은 10개, 동 11개를 따내 종합 4위에 올랐다. 이로써 우리나라는 세계 10대 스포츠 강국의 대열에 당당히 어깨를 나란히 할 수 있었다.

서울올림픽,
한국경제 성장에 크게 기여하다

서울올림픽은 삼성과 LG가 세계적인 전자제품기업으로 발돋움하는 기회가 되었다. 당시 국민들의 스포츠 열기 못지않게 재계 참여도도 높았는데, 이는 곧 국민과 기업이 호흡을 같이하는 계기가 되었다.

서울올림픽은 대한민국의 경제 성장에 어떤 기여했을까? 우선, 국가 이미지를 크게 개선시켰다. 외국에서 온 기자와 선수들은 한국경제의 발전에 탄성을 질렀다. 도대체 이 나라가 40여 년 전 전쟁을 겪었던 그 나라가 맞느냐는 반응이었다.

동구권에서 온 사회주의 기자와 선수들의 반응도 놀라왔다. 어떻게 대한민국이 이렇게 발전할 수 있었는지 자신들의 사회주의 이론으로는 납득하기 힘들어했다. 이러한 반응은 올림픽 경기 소식과 함께 언론을 통해 전 세계로 퍼져 나갔다. 서울올림픽으로 우리나라는 전 세계인에게 경제강국으로 인식될 수 있었다.

서울올림픽으로 삼성과 LG는 세계적인 전자제품기업으로 발돋움할 수 있었다. 당시 국민들의 스포츠 열기 못지않게 재계의 올림픽 참여도도 높았는데, 이는 곧 국민과 기업이 호흡을 같이하는 계기가 되었다.

88올림픽 주경기장, 잠실종합운동장

특히 서울올림픽은 국내 기업의 국제화 발판을 마련하는 것 외에 기술수준 향상을 통한 품질개선 등 경제의 질을 높이는 데도 큰 역할을 해냈다. 올림픽을 계기로 공산권과 경제적 교류도 수월해졌고 교역대상이 넓어졌으며 스포츠 용품을 비롯해 레저·전자·식품 등 관련 산업의 저변도 확대했다. 세계적인 거물급 경제인들이 내한하여 한국에 대한 인식을 달리하는 등 가시적 효과도 적지 않았다.

외교 면에서는 올림픽을 계기로 사회주의 국가와 국교를 맺는 계기를 가졌고, 이를 발판으로 1991년에는 남북한이 동시에 유엔에 가입했다. 당시, 동구권 국가들과 소련, 중국이 적극적으로 대한민국과 경제적으로 교류하기를 희망했다.

성숙해진 시민의식도 서울올림픽의 큰 성과였다. 물질자본 못지않게 경제 성장에 있어 중요한 것이 사회자본이다. 올림픽이라는 지구촌 축제를 계기로 벌인 국민들의 의식 개선 노력은 올림픽 이후 고스란히 선진적인 국민성으로 자리 잡았다.

7. 강력한 리더십

한국경제가 다른 개발도상국가나 동아시아국가와 달리 빠른 경제 성장을 이룰 수 있었던 이유는 강력한 리더십 때문이었다. 비록 독재적 성향을 가졌지만 한국의 최장수 대통령으로 집권하면서 경제적 약체국가를 산업강국으로 변모시킨 박정희의 리더십에 이의를 다는 사람은 없을 것이다. 그 외에도 무無에서 유有를 일군 경제계의 리더십이 없었다면 오늘날 한국경제의 신화가 존재할 수 있었을까?

카리스마 지도자, 박정희

우리나라는 박정희의 강력한 리더십으로 가난한 농업국가에서 산업국가로 비약적인 성장을 할 수 있었다. 그가 있었기에 '한강의 기적'을 이룰 수 있었고, 지금의 경제대국 대한민국도 있을 수 있었다.

1999년 미국 시사주간지 《타임》은 박정희 대통령을 '20세기 아시아에서 가장 영향력 있었던 인물 20인'에 선정했다. 당시 《타임》이 선정한 인물로는 인도의 마하트마 간디Mahatma Gandhi와 타고르Tagore, 중국의 마오쩌둥毛澤東과 쑨원孫文, 일본의 모리타 아키오Morita Akio, 싱가포르의 리콴유李光耀, 베트남의 호치민Ho Chi Minh, 티베트의 달라이 라마Dalai Lama 등이 있다.

박정희 대통령을 '독재자'라는 한계 때문에 부정적으로 보는 시각이 많지만 우리나라 국민들은 역대 대통령 가운데 가장 존경하는 대통령으로 박정희를 손꼽는다. 2009년 8월, 여론조사 전문기관 리얼미터에서 '국가발전에 가장 높게 기여한 대통령'을 묻는 설문조사에서도 박정희 전 대통령이 1위(53.4%)로 뽑혔다. 같은 질문으로 2010년 한국정당학회와 조선일보가 한국갤럽에 의뢰한 조사에서도 박정희 대통령이 73.4%의 압도적인 지지를 받아 1위로 뽑혔다. 2012년에 서울대학교 통일평화연구원은 한국갤럽에 의뢰해 전국 성인남녀 1,200명을 대상으로 '한국인의 역사인식'에 대해 설문조사를 실시했다. 그 결과, 박정희 대통령의 업적에 대한 긍정적인 평가가 78.3%였고, 부정적인 평가는 15.2%에 불과했다.

박정희의 강력한 리더십으로 가난한 농업국가였던 우리나라는 산업국가로 비약적인 성장을 할 수 있었다. 그가 있었기에 '한강의 기적'을 이룰 수 있었고, 지금의 경제대국 대한민국도 있을 수 있었다. 한국경제 성장에 기여한 박정희 대통령의 역할을 크게 다섯 가지로 나누어 살펴보겠다.

첫 번째는 새마을운동이다. 새마을운동은 건국 60년 동안 우리 민족이 성취한 업적들 중 가장 대표적인 것으로 꼽힌다. 국제사회에서는 새마을운동이 농촌개발의 모델로서 각광받고 있다. 다시 말해 새마을운동은 한국의 근대화 과정에서 창출된 대표적 '글로벌 코리아 브랜드'이다. 현재, 새마을운동은 해외 74개국에 수출했으며, 후진국을 중심으로 새마을운동을 배우고자 방한하는 외국 지도자들이 줄을 잇고 있다.

두 번째는 국토개발인데, 대표적으로 경부고속도로 건설을 들 수 있다. 박 대통령은 경부고속도로 건설에 필요한 재원을 독일에서 차관으로 마련했다. 이를 위해 광부 5,000명, 간호사 2,000명을 독일에 파견해 이들의 월급을 담보로 잡혔다. 차관을 얻기 위해 독일을 방문한 박 대통령이 광부와 간호사 앞에서 했던 연설은 유명하다. 그는 눈물을 흘리며 이렇게 연설을 마쳤다.

"여러분, 난 지금 몹시 부끄럽고 가슴 아픕니다. 대한민국 대통령
으로서 무엇을 했나 가슴에 손을 얹고 반성합니다. … 나에게 시
간을 주십시오. 우리 후손만큼은 결코 이렇게 타국에 팔려 나오지
않도록 하겠습니다. 반드시…. 정말 반드시….″

그곳에 있던 광부와 간호사를 비롯해 뤼브케^{Karl Heinrich Lubke} 서독 대통령도 눈물을 훔쳤다. 이처럼 어렵게 차관으로 마련한 자금으로 경부고속도로를 건설하여 한국경제의 대동맥 역할을 담당시킬 수 있었다.

세 번째는 중화학공업 중심의 수출진흥이다. 우리나라가 공업국가가 될 수 있었던 것은 경제개발5개년계획에 따라 수출주도형 중화학공업을 추진했기 때문이다. 박 대통령은 1971년 제7대 대통령 취임사에서 이렇게 말했다.

"나는 앞으로 중화학공업시대의 막을 올리고, 한강변의 기적을 4대
강에 재현할 것이며, 수출입국의 물결을 오대양에 일으키고 농어촌
을 근대화해 우리나라를 곧 중진국 상위권에 올려놓고야 말 것입니
다.″

이러한 박 대통령의 집념은 한 치의 오차 없이 실현되었다. 현재, 우리나라는 선진 공업국가의 반열에 당당히 올라 있다.

네 번째는 과학기술이다. 박 대통령은 과학기술이 경제 발전의 동력이 될 것이라 보고, 과학기술진흥법을 만드는 것과 함께 과학기술진흥5개년계획을 추진해 나갔다. 덕분에 우리나라는 기술이 없어 제대로 된 제품 하나 만들지 못하던 나라에서 철강, 조선, 자동차, 전자제품 등을 만드는 공업국가로 도약할 수 있었다. 2차 세계대전 이후 독립국가 가운데 과학기술진흥5개년계획을 수립한 곳은 우리나

라가 유일하다.

『과학 대통령 박정희와 리더십』에 따르면, 박 대통령은 과학기술에 대해 세 가지 확고한 믿음이 있었다. 첫째, 나라의 발전을 견인하기 위해서는 기능·기술·과학이 모두 필요하다는 것을 이해했고, 둘째, 기능·기술·과학을 발전시키기 위해서는 필요한 자본과 시설을 마련해야 함을 알았고, 셋째, 기능·기술·과학을 이끌고 나갈 인재 양성 시스템 구축이 필요함을 알았다.

다섯 번째는 자주국방과 외교이다. 1970년대부터 박 대통령은 북한의 군사력을 제압할 수 있는 자주국방을 전개했다. 이로써 방위산업을 육성하여 주요 무기의 국산화를 이루었다. 그 과정에서 핵무기 개발을 추진하기도 했다.

그 밖에도 치산녹화治山綠化, 민족문화 창달 등 그가 강력한 리더십으로 지금의 대한민국의 초석을 마련했다는 사실은 부정할 수 없다. 대한민국의 앞날을 환히 비춘, 활활 타는 등불이었던 박정희 대통령. 그가 지닌 리더십의 핵심은 나라와 국민에 대한 무한한 사랑이었다. 대통령 재임 18년의 기간만큼 그의 리더십은 많은 이야기를 남겼다.

> "한 세대의 생존은 유한하나, 조국과 민족의 생명은 영원한 것, 오늘 우리 세대가 땀 흘려 이룩하는 모든 것이 결코 오늘을 잘살고자 함이 아니요, 이를 내일의 세대 앞에 물려주어 길이 겨레의 영원한 생명을 생동케 하고자 함이다."
>
> – 박정희 대통령이 서울대 총장에게 보낸 글에서

우향우 정신의 철강왕, 박태준

포스코를 세계적인 기업으로 만든 장본인 박태준. 그는 기본적으로 기업은 사회정의와 영리를 조화롭게 추구해야 한다고 생각했다. 그는 포스코를 통해 이윤을 넘어 사회정의를 추구하고자 했다.

'한국의 철강왕'이라고 불리는 박태준, 그를 빼놓고 한국경제 성장을 말하기는 어렵다. 박태준은 기술도, 자본도, 부존자원도 없는 모래벌판 위에 철강왕국을 건설했다. 포스코 창립 초기 국제제철차관단이나 세계은행조차도 '안될 일'이라고 등을 돌린 곳에, 기어코 세계에서 손꼽히는 제철회사를 만들어낼 수 있었던 것은 그 주역이 바로 박태준였기에 가능했다.

그는 맨손으로 포항제철(현 포스코)을 일으켜 세계 최고의 철강회사로 키워냈다. 군인 출신인 그는 포항과 광양에 제철소를 세우는 데 인생을 바쳤고 나중에는 포항제철을 외압으로부터 지키기 위해 정치에 입문했다.

포스코POSCO 포항공장을 다녀온 사람들은 누구나 제철소가 아니라 공원 같다고 감탄한다. 이는 시대를 앞선 박태준의 생각에서 비롯했다. 그는 포항과 광양 제철소 두 지역에 300만 그루의 나무를 심었고 공장 주변을 장미로 꾸몄다. 오늘날 '소통'과 '화합'은 사회의 중요한 가치로 떠올랐는데, 1980~1990년대 포스코는 노사분규와 학생시위가 한 건도 일어나지 않았을 정도로 소통이 원활한 회사였다.

자기자본으로 기업을 일으킨 다른 창업자와 달리 박태준은 전문경영인에 가까웠다. 그가 포스코를 경영했을 때는 물론이고 경영일선에서 물러난 뒤에도 20년 가까이 그의 존재감은 뚜렷했다. 포스코 임직원들은 '박태준이 곧 포스코이고 포스코가 곧 박태준'이라고 생각한다. 1968년 설립 당시 공기업이었던 포스코는 2000년에 민영화했다.

1970년 포항제철소 건설현장에서 그는 "민족 숙원사업에 동참한다는 긍지와 사명감을 가져야 한다. 선조들의 핏값으로 짓는 것이다. 제철소 건설에 실패한다면 우리 모두가 민족사에 씻을 수 없는 죄를 짓는 것이다. 실패할 경우 우리 모두 우향우하여 영일만에 투신해야 한다"라고 말한 것으로 유명하다.

그는 공사기간에 영일만 모래밭 귀퉁이에 '롬멜하우스'라고 부르는 슬레이트 지붕을 덧댄 2층 목조건물에서 숙식을 해결했다. 실패하면 차라리 영일만에 빠져 죽자는 각오를 한 것이었다. 이렇게 극한의 책임정신에서 생겨난 말이 바로 '우향우 정신'이다.

그는 2011년 타계하기 전 포스코 근로자들에게 "우리는 후세에게 행복을 주기 위해 희생하는 세대"라고 말했다. 그는 이 같은 명확한 자기인식, 제철보국製鐵報國이라는 핵심가치와 목적의식, 직원에 대한 복리후생과 경쟁력의 원천인 교육 중시, 그리고 환경 등 미래를 꿰

뚫는 혜안을 가지고 당시 제철회사 가운데 최단기간 완공기록을 세울 수 있었다.

1970년 4월 착공 이래 3년 3개월 만인 1973년 6월 9일, 마침내 제철소 용광로에서 쇳물이 쏟아져 나왔다. 당시 공사비가 1,215억 원이나 들었는데, 이는 경부고속도로 건설비용의 세 배였다. 단일사업으로는 단군 이래 최고의 역사였다.

포스코를 세계적인 기업으로 만든 장본인 박태준. 그는 기본적으로 기업은 사회정의와 영리를 조화롭게 추구해야 한다고 생각했다. 그는 포스코를 통해 이윤을 넘어 사회정의를 추구하고자 했다.

1971년 보험료를 지급받을 만한 사고가 한 건도 없었던 데 대한 보상 차원에서, 포항제철은 보험사로부터 17만 달러에 달하는 리베이트Rebate를 지급받았다. 당시 이러한 리베이트는 해당기업 사장이 개인적으로 사용하는 것이 관례였으나 박 명예회장은 이를 활용해 포철장학재단을 설립했다. 나라의 미래를 위해서는 교육이 가장 중요하다는 판단 아래 내린 결정이었다.

그뿐만 아니라 1980년대로 넘어오면서 글로벌 기업들의 경쟁이 치열해지자 박 명예회장은 과학기술향상이 절실하다는 생각에서 포항공대(현 포스텍) 설립을 추진했다. 캘리포니아공대, 조지아공대, 메사추세츠공대 등 세계 유수 공대와 같은 수준의 학교가 있어야만 우리나라가 미래 경쟁에서 살아남을 수 있다고 믿기 때문이었다. 이후 포항공대는 글로벌 경쟁력을 갖춘 대학으로 발돋움했고, 지금은 우리나라 과학기술의 발전에 있어서 중추적인 역할을 하고 있다.

박태준은 여러 성공신화를 만들어냈다. 1973년 7월 3일, 포항 1기

포항제철 착공식 모습(1968.10.3)

　설비가 완공되면서 몇 달 후 조업에 들어갔다. 통상적으로 조업은 제철소 완공 1년여 뒤에 이루어지는데 새로운 기록을 세운 것이었다. 생산에 들어간 포항제철은 애초에 3년 적자를 예상했다. 그런데 가동 첫해에 46억 원(1,200만 달러)이라는 높은 흑자를 달성했다. 첫해에 수익을 낸 경우는 세계 제철소 역사에서 최초였다. 흑자는 해를 거듭할수록 눈덩이처럼 불어났다.

　이후 성장에 성장을 거듭한 포스코는 포항제철소와 광양제철소라는 양대 제철소를 거느렸다. 30년 후, 포스코는 서울 여의도의 세 배에 해당하는 892만㎡의 거대한 부지에 도로 길이 80Km에 달하는 '철의 메카'를 이루었다. 2009년 기준 포스코의 연간 조강생산 능력은 3,300만 톤, 연간 생산량은 2,953만 톤에 이른다. 이것은 룩셈부르크의 아르셀로미탈ArcelorMittal, 중국의 허베이강철河北鋼鐵그룹과 바오강上海宝鋼그

롭에 이어 세계 4위다.

1978년, 등소평이 한국의 포항제철과 똑같은 제철소 건설을 신일본제철에 요구했다. 그러자 이나야마 요시히로(稻山嘉寬) 신일본제철 회장은 "중국에서 포항제철 박태준 회장 같은 뛰어난 사람을 찾아내서 관리를 맡기기 전에는 중국에 제철소를 세워 봐야 소용없는 일"이라고 대답했다.

한국이 배출한 세계적인 경영자 박태준. 국가와 국민을 위해 자신을 희생한다는 그의 '우향우 정신'이 없었다면 지금의 포스코가 존재할 수 있었을까?

도전하는 창조경영의 달인, 정주영

정주영은 불가능한 일들을 가능하게 하는 창조경영의 전범이다. 보통 사람들은 고정관념과 상식에 따라 어려운 일을 회피하려거나 불가능하다고 포기해버리지만, 그는 "이봐, 해봤어?"라는 실행 중심의 사고로 일에 몰두하는 과정에서 뜻밖의 해결책을 얻고는 했다.

지난 반세기 한국경제의 성장 과정은 무에서 유를 만들어낸 신화의 연속이었다. "지혜를 모아 방침을 세우고 하면 된다"라는 정신이 한국경제 성장신화를 이끌었다고 보아도 무방하다. 이것이 바로 '창조경영'이다.

정주영 회장은 울산 미포만에 조선소를 짓기 전에 황량한 바닷가 백사장 사진과 그 지역 5만 분의 1짜리 지도 한 장, 그리고 거북선이 그려진 500원짜리 지폐를 들고 영국, 그리스의 은행과 선주들을 찾아가 조선소 지을 돈을 빌렸고, 배를 2척이나 주문받아 왔다. 한국은 유럽보다 훨씬 앞선 1400년대에 철갑선을 만든 조상의 후손이니 실력을 믿고 맡겨 달라는 설득으로 그는 놀라운 일을 해냈던 것이다.

그의 창조경영을 보여주는 신화는 무수하다. 한국전쟁 중인 1952년 12월에 정 회장은 부산의 유엔군 묘지를 새파란 잔디로 덮어 달라는 요청을 받는다. 각국 유엔 사절이 내한해 참배할 계획인데 묘지가 흙으로만 겨우 덮여 있었기 때문이다. 그러나 때는 한겨울이었다. 모두 불가능하다고 여기던 공사였지만 정 회장은 창조적 아이디어로 해결했다. 미군이 원하는 것은 유엔사절들에게 위안을 줄 '파란 풀'이라는 핵심을 간파하고 낙동강변에 있던 보리를 모두 옮겨 심었다. 결과는 완벽했다. 미군은 정 회장에게 실제 공사비의 세 배를 지급했다.

또 다른 창조경영의 예는 1970년대 세계 최대 공사였던 사우디아라비아 주베일 산업항 건설공사다. 해안선에서 12km 떨어진 수심 30m의 바다 한복판에 유조선 4척이 동시에 정박할 수 있는 터미널을 만들려면 해양 심해구조물 설치가 필수였다. 정주영은 울산에서 제작한 철골 구조물을 커다란 바지선에 실어 중동현장으로 수송하기로 결정했다. 울산에서 주베일까지는 1만 2,000km로 경부고속도로를 열다섯 번 왕복하는 거리다. 수심이 30m나 되는 곳에서 파도에 흔들리면서 중량 500톤짜리 재킷(열의 방산이나 기관의 과열을 방지하는 피복물)을 한계오차 5cm 이내로 꼭 20m 간격으로 심해에 설치한다는 것은 사실 불가능에 가까웠다. 오차가 5cm만 넘으면 재킷을 연결하는 빔Beam을 깎아 줄일 수도, 붙여 늘릴 수도 없어 그냥 버려야 했다. 감독관들은 당장 계획을 중단하라고 요청했지만 공사기간 단축을 위해 그대로 밀어붙였다. 결국 현대는 89개 재킷을 5cm 이내 오차로 완벽하게 설치했다. 당시 감독관들은 현대의 창의적이고 담대한 수행계획과 쏟아지는 기상천외한 아이디어, 근로자들의 근면성에 혀를 내둘렀다.

서산 간척지 건설 때 폐유조선으로 물막이를 대신한 것뿐만이 아니라 프랑스 문명비평가 기 소르망$^{Guy\ Sorman}$이 '20세기 마지막 전위예술'이라고 평한, 소떼를 몰고 판문점을 통과한 한국 역사의 한 장면 역시 탁월한 창의력에서 비롯한 일이었다.

창조경영의 궁극적인 목표는 끊임없이 새로운 가치를 만들어내는 데 있다. 고정관념을 탈피해 새로운 시장을 창출하기 위해서는 창조적 발상이 전제되어야 하기 때문이다.

이러한 창조경영이 좋지 않은 여건에서 빛을 발했다는 점에 주목해야 한다. 세상 사람들이 불가능하다고 말하는 최악의 상황에서 '하면 된다'라고 도전했을 때 비로소 그의 창의적인 생각이 번뜩였다. 창조경영은 도전할 때 시작된다. 정 회장은 이렇게 말했다. "내가 믿는 것은 '하고자 하는 굳센 의지'를 가졌을 때 발휘되는 인간의 무한한 잠재능력과 창의성, 그리고 뜻을 모았을 때 분출되는 엄청난 에너지뿐이다."

1965년에 태국 고속도로 건설은 당시 국내 경기 상황에서는 더 이상 건설업을 지탱하기 힘들 것으로 예상돼 해외에서 찾은 돌파구였다. 여러 차례의 수주 실패 끝에 마침내 태국 파타니 나라티왓 고속도로 공사를 수주했다. 한국 건설업의 해외 첫 진출이라는 역사적 사건이었지만 기후와 토질 등 현지 실정을 파악하지 못한 탓에 엄청난 손실을 입고 말았다. 하지만 이것은 성공을 위한 실패였다. 이 공사 경험은 1968년 경부고속도로 건설 시 중요한 자산이 되었다.

보통의 건설업자는 국내 건설업 경기가 바닥이 나면 새로운 업종을 모색하고, 해외공사에서 입은 막대한 손실은 손실로 끝내기 마련이다. 정 회장은 그러한 기존의 고정관념에서 완전히 탈피했다. 그는 국내에 시장이 없으면 해외에서 시장을 찾았고, 실패의 경험도 새로운 도약의 계기로 삼았다.

1982년 4월, 서산 앞바다를 간척하는 사업도 창조적 발상에서 나왔다. 공산품 수출에 자신을 얻은 정주영 회장은 농산품 수출을 하고자 여의도 33배 면적의 논을 만들기로 했다. 한마디로 서해안의 지도를 바꾸는 프로젝트였다. 문제는 제방 건설이었다. 제방의 양쪽 끝이 가까워짐에 따라 바닷물의 속도와 강도가 세졌기 때문에 번번이 제방 건설에 실패했다. 철망으로 싼 돌무더기를 쏟아붓는 묘안도 소용없었다.

이때 그의 머릿속에 아이디어가 번뜩였다. 선박해체장으로 갈 길이 315m, 무게 22만 6,000톤의 대형 폐유조선으로 양쪽 제방 사이에 급류가 흐르는 곳을 막는 것이었다. 공학자들은 실패할 것이라고 반대의 목소리를 높였지만 이윽고 드넓은 공간에 새 흙을 채우고 한국 최대의 곡물 사일로와 가공공장을 건설했다. 이렇게 해서 연간 쌀 5만 4,000톤을 생산하는 대규모 농장을 완성했다.

정주영은 이 기상천외한 공법으로 공사기간을 9개월 단축하는 것은 물론 공사비도 280억 원 절감했다. 현재 많은 공학교재에서도 이를 '유조선 공법', '정주영 공법'이라는 이름으로 소개하고 있다. 이를 계기로 정주영 회장은 엘리베이터에 이런 글귀를 써 붙이게 했다.

"지식 없는 경험이 경험 없는 지식보다 낫다."

2000년대 초, 북한의 김정일 위원장이 정주영 회장에게 금강산에

호텔과 함께 서커스장을 지어줄 것을 요청했다. 정 회장은 이를 흔쾌히 받아들여 공사에 착수했지만 예상치 못한 난관에 부딪혔다. 영하 40도까지 내려가는 혹독한 추위 때문에 레미콘의 물이 얼어 공사를 할 수 없었던 것이다. 세계적인 건설 기술자에게 해결책을 의뢰했지만 불가능하다는 답만 돌아왔다. 혹한의 나라 러시아에서도 마찬가지였다. 이때, 정 회장이 비닐하우스를 씌어 공사를 하는 묘안을 내놓았다. 우리나라의 비닐하우스 농법에서 착안한 발상이었다.

이렇듯 정주영은 창의적인 문제해결 능력이 대단히 뛰어났다. 보통의 사람들은 고정관념과 상식에 따라 어려운 일을 회피하려고 하거나 불가능하다고 포기해버리지만, 그는 "이봐, 해봤어?"라는 실행 중심의 사고로 해결책을 얻었다. 그는 불가능을 가능으로 이끄는 창조경영의 전범이 되었다.

정주영 회장은 나쁜 운을 도전적인 모험과 추진력으로 물리쳐서 좋은 운으로 만들었고, 90% 가능하다는 확신에 10%의 자신감을 채웠다. 이 과정에서 악조건을 헤치고 나갈 수 있는 창조적 아이디어가 반짝였다. 그의 창조적 리더십이 없었다면 한국경제 성장의 불은 활활 타오르기 어려웠을 것이다.

투철한 기업가정신의 본보기, 이병철

기업가정신이 투철한 기업가들의 희생을 무릅쓴 투자와 혁신이 바탕이 되어 지금과 같은 고도의 경제 성장을 거둘 수 있었고, 산업대국이 될 수 있었다. 그 많은 기업가 가운데서도 첫 번째로 손꼽을 수 있는 기업가정신의 본보기가 바로 삼성그룹의 창업자인 이병철이다.

우리나라는 기업가정신이 매우 뛰어난 국가이다. 약 반 세기 전만 해도 우리나라에는 기업이라고 할 만한 게 없었다. 수십 년 동안 우리를 지배한 일본이 그것을 허용하지 않았다. 일본은 우리나라 사람이 고등교육을 받는 것도 허용하지 않았다. 한국전쟁이 끝날 무렵 남한은 완전히 폐허였다.

그럼에도 오늘날 한국은 약 24개 산업이 세계 일류 수준에 도달해 있고, 조선과 몇몇 분야에서는 세계의 선두주자가 되었다. 우리가 이렇게 고도의 경제 성장을 거둘 수 있었던 것은 바로 기업가들의 기업가정신이 큰 역할을 했기 때문이다. 기업가정신이 투철한 기업가들의 위험을 무릅쓴 도전적인 투자와 혁신이 바탕이 되어 우리나라는 산업대국이 될 수 있었던 것이다. 그 많은 기업가 가운데서도 첫 번째로 손꼽을 수 있는 인물이 삼성그룹의 창업자인 이병철이다.

이병철 회장은 전쟁통의 잿더미에서 이렇게 말했다.

"적극적으로 안 해서 생기는 일은 큰 실수이고, 적극적으로 해서 생기는 문제는 작은 실수이다. 도전하고 또 도전하라."

이 회장은 당장의 성공에 안주하지 않고 늘 새로운 사업에 진출했다. 그가 최초로 사업을 시작한 것은 제일제당을 설립하면서부터였다. 외국에서 설탕과 비료를 수입해서 국내에 파는 것만으로도 막대한 부가 따라왔지만 기업가정신은 그 자리에만 머물게 하지 않았다. 1953년 11월 5일, 이병철은 국내 최초의 설탕을 생산했다. 그가 한국 최초로 설탕을 만들어 외국 설탕 가격의 3분의 1에 내놓자 반응은 폭발적이었다. 이로써 설탕 수입률은 1953년 100%에서 1956년에는 7%로 떨어진다.

이 회장은 제일제당이 성공을 거두자 모직공장을 짓겠다고 직원들에게 말한다. 미국 모직 기업 임원 중 하나가 '한국인이 자력으로 건립한 공장에서 3년 이내에 제대로 된 제품을 생산한다면 자신이 하늘을 날아 보겠다'며 비아냥거렸다. 하지만 이 회장은 1956년 2월에 모직제품을 생산해냈다. 처음 '골덴텍스'가 나왔을 때는 국내산에 대한 선입견으로 판매가 부진했지만 외국산 소모사 수입 금지령이 내리면서 국내시장을 석권하게 되었다.

그리고 전자제품 사업에 뛰어든다. 1969년 1월 13일, 오늘날의 삼성전자가 탄생했다. 이후 삼성전자는 흑백텔레비전을 1978년에 200대, 1981년에 1,000만 대 생산 등의 성과를 거두었다. 그리고 1984년 3월 국내 최초의 컬러텔레비전 500만 대 생산, 흑백텔레비전 1,500

만 대 생산, 1985년 VTR 수출, 1989년 음성녹음 및 재생용 IC 개발, 1991년 세계 최초의 문자 표시 카세트 생산·시판 등으로 세계를 계속 놀라게 하는 업적을 이루었다.

식품과 의류사업을 했던 사람이 어떻게 전혀 다른 분야인 전자산업에서도 성공을 거둘 수 있었을까? 그 이유를 기업의 성패는 재력이나 권력보다는 인재가 좌우한다는 그의 '인재제일주의'에서 찾을 수 있다. 그는 해당 분야의 인재를 널리 채용하기 위해 외국에 있는 인재를 스카우트하는 것은 물론, 국내 최초로 공개채용시험을 실시했다. 또한 인재의 실력을 더 향상시키기 위해 사원연수원인 '삼성종합기술원'을 설립했다. 이렇게 잘 육성한 직원들을 물 만난 고기처럼 최고의 능력을 발휘할 수 있도록 적재적소에 배치했다.

일흔이 넘도록 성공적으로 삼성전자를 이끌던 이 회장은 일생일대의 결단을 내린다. 미지의 영역인 반도체산업 진출을 시도한 것이다. 그가 반도체에 주목한 이유는 엄청난 부가가치 때문이었다. 그의 뇌리에는 이런 생각이 자리 잡고 있었다.

> "철강은 톤당 340달러, 석탄은 40달러, 알루미늄은 3,400달러, 텔레비전은 2만 1,300달러, 반도체는 85억 달러, 소프트웨어는 톤당 426억 달러의 부가가치가 있다."

이처럼 반도체가 미래 산업으로서 높은 가치가 있음을 알아챈 이 회장은 1983년 3월 15일, 반도체산업 진출을 공식 선언한다. 이후 삼성은 재정이 어려운 가운데서도 막대한 자금을 반도체산업에 투자한다. 이는 오로지 반도체산업을 일으켜야 우리나라에 첨단산업을 꽃피울 수 있다는 기업가정신에서 비롯한 것이었다.

"생각할수록 난제는 산적해 있다. 그러나 누군가가 만난萬難을 무릅쓰고 반드시 해내야 하는 프로젝트이다. 내 나이 73세. 비록 인생의 만기이지만 이 나라의 백년대계와 우리 삼성의 미래를 위해서 전력투구해야 한다."

이렇게 해서 반도체 생산에 착수한 삼성전자는 단 6개월 만에 64킬로바이트 D램 개발에 성공했다. 이후, 삼성은 반도체 역사를 새로 썼고, 세계 반도체 시장의 정상에 등극했다.

경기가 얼어붙은 요즘 많은 경영자들이 새로운 사업에 투자하는 데 조심스러워하면서 소극적인 경영을 하고 있는 게 현실이다. 기업가정신이 점차 퇴색해 가고 있는 건 아닌지 모르겠다.

이병철은 강력한 리더십과 인재제일의 경영이념을 가지고 삼성을 만들어낸 1980년대 한국경제 고도성장의 상징이기도 하다. 우리는 지금 이병철의 기업가정신을 상기해 볼 필요가 있다.

성장엔진 다섯.

Culture :
한민족 특유의 문화와 DNA

단재 신채호 선생이 『조선상고사朝鮮上古史』에서 말했듯, 한강 이남의 소국가 연맹체인 삼한, 즉 가야·신라·백제의 전신으로서 마한·진한·변한을 우리가 삼한으로 간주하는 것은 '소한小韓주의 반도사관'이다. '대한大韓주의 대륙사관'은 한반도의 남쪽 삼한시대 이전에 만주·요서·한반도에 걸쳐 광대하게 뻗어 있었던 단군조선의 삼한시대가 있었다고 한다.

이렇게 거창하게 역사 이야기를 꺼낸 것은 한국인의 DNA가 과거 유라시아 대륙을 지배하던 유목민족 전사들의 DNA와 맥을 같이 한다는 것을 말하고 싶어서다. 역사학자가 아니어서 정설로 이야기하기는 어렵지만 우리나라가 지난 반세기 동안 이룬 경제 성장은 수천 년 전 한반도에 정착해 우리만의 문화를 만들어낸 역사와도 무관하지 않다. 과거 유라시아를 지배하던 유목민의 피는 지금도 흐르며 우리 나름대로의 문화와 긍지를 만들어냈다고 볼 수 있다.

한국인들은 척박한 자연환경 하에서 살아남으려는 생존본능이 강하다. '하면 된다'라는 성취문화는 여기서 비롯했다고 할 수 있다. 개인의 자부심과 구성원들의 결속력을 바탕으로 자립심이 풍만한 사회 분위기를 이끌어냈다. 이러한 한민족 특유의 특성과 문화가 단기간 내에 세계 10위 안에 드는 수출국가, 대한민국의 경제 성장을 이루어내는 또 다른 요소였던 것이다. 이렇듯 고도성장의 이면에는 기적을 만드는 유전자와 한국 특유의 문화가 있었다.

1. 압축성장의 비결, '빨리 빨리' 문화

서양은 근대화를 달성하는 데 500년, 산업화는 100~230년이 걸렸다. 이에 반해 대한민국은 근대화에 50년, 산업화에 30년이 걸렸다. 그야말로 눈부신 속도다. 이러한 속도전 속에서 우리 국민은 선진국의 기술을 빨리 습득하는 '따라잡기 모델$^{Catch\text{-}up\ Model}$'을 통해 생산성을 비약적으로 향상시킬 수 있었다.

외국인이 뽑은 한국인의 '빨리 빨리' 베스트 10

'빨리 빨리 문화'는 가난한 우리나라를 G20 가입국으로 만든 일등공신이라고 해도 과언이 아니다. 이 문화의 근본은 조급함과 철저하지 못함이 아니라 근면과 성실이라는 점을 잊어선 안 된다.

최근 우리나라는 외국인 노동자 100만 명 시대를 열었다. 외국인 노동자들이 한국에 와서 일하면서 가장 먼저 배우는 말이 '빨리 빨리'다. 한국에 사는 외국인이 뽑은 한국인의 '빨리 빨리 베스트 10'을 소개한다.

1. 자판기 컵이 나오는 곳에 손을 넣고 기다린다.
2. 버스정류장에서 버스와 추격전을 벌인다.
3. 화장실에 들어가기도 전에 지퍼를 내린다.
4. 삼겹살이 익기도 전에 먹는다.
5. 엘리베이터 문이 닫힐 때까지 '닫힘' 버튼을 누른다.
6. 컵라면에 물을 넣고 3분도 되기 전에 뚜껑을 열고 먹는다.
7. 엔딩 크레디트가 끝나기 전에 영화관에서 나간다.
8. 화장실에서 볼일을 보면서 양치질을 한다.

9. 웹사이트가 3초 안에 안 열리면 닫는다.
10. 편의점 등에서 음료수를 마시고 나서 계산한다.

위 항목들은 우리나라 사람에게는 당연하고 자연스럽지만 외국인의 눈에는 이상하게 보인다. 이처럼 우리나라 사람들은 느긋하게 생활하기보다는 급하게 생활하는 게 습관이 되어버렸다.

위의 예 외에도 한국인의 '빨리 빨리'를 대변하는 풍경은 많다. 외국인들이 길거리에서 한국인의 걷는 모습을 보면 놀란다. 한국인의 발걸음은 유럽인에 비해서 1분당 열다섯 걸음이 더 많다. 비행기가 활주로에 도착하기도 전에 출입구 쪽으로 몰려가는 사람 또한 한국인이다. 또 딱딱한 사탕도 으적으적 깨물어 먹는다.

그렇다면 우리나라 사람은 언제부터 '빨리 빨리'를 생활화한 것일까? 언론인 이규태는 『절망을 희망으로 바꾸는 한국인의 힘 1』이라는 그의 저서에서 한국인이 바쁜 생리를 형성한 이유를 두 가지로 정의했다.

첫 번째는 좁은 땅에 많은 인구가 사는 바람에 공간적 여유가 없고, 그 좁은 공간에 비집고 끼어드는 것이 생존조건이 되었기 때문이다. 전 세계에서 인구밀도가 두 번째로 높다는 한국이기에 다른 사람보다 앞서지 않으면 그 무엇도 얻지 못했다.

1980년 미국의 소도시에 사는 이민 초기세대 한국인의 직업은 주로 야채나 과일 장수였다. 이민하는 한국인이 늘어나면서 과거 유대인이 차지했던 야채상의 판도를 특유의 부지런함과 재빠른 일처리 습관으로 차지했던 것이다. 그 악착스러운 유대인이 선점했던 생활영역을 한국인에게 빼앗긴 근본원인은 바로 한국인의 시간적 긴박감에 족탈불급足脫不及이었기 때문이다. 한국인은 기존 야채상보다 빨리 일어나 활동해 더 신선하고 질이 좋은 야채를 수요자들에게 공급하여 기존 경쟁자들을 따돌리고 살아남을 수 있었다. 한국인은 어느 민족보다도 선점 생리가 발달하여 환경 조건대로 신속하게 하는 데는 도사였기에 미국의 상업판도까지 바꿀 수 있었다.

두 번째는 몬순 기후 지대에 벼농사를 짓고 사는 농경민족으로서 필수적인 요소였기 때문이다. 대체로 농경민족은 해가 떠서 지는 동안이 바쁘기 때문에 아침이 빠르다. 우리 선조들은 새벽에 별을 보며 나가 저녁에 다시 별을 보며 집으로 돌아왔다.

'빨리 빨리'가 현재 우리에게 체화되도록 결정적인 역할을 한 것은 박정희 대통령이 추진한 정책들이다. 박 대통령은 군대식으로 목표를 세우고 신속하게 성과를 내도록 정부 각료와 기업가들에게 강력히 요구했다.

대표적으로 경제개발5개년계획이라는 국가경제 건설의 일정표에 따라 전 국민이 한눈팔지 않고 일사분란하게 달려갔다. 우리나라 경제 성장의 역사를 보면 마치 기록 갱신의 역사를 보는 것 같다. 수출을 하는 데도 공장을 짓는 데도 기업이 이익을 달성하는 데도 기록을 갱신해야 말이 통한다는 생각이 들 정도였다. 예를 들어 "수출 10억 달러에서 100억 달러에 이르는 데 서독은 11년, 일본은 16년이 걸렸는데 우리는 7년이 걸렸을 뿐이다" 하는 식이다. 그래서 우리 경제 성장은 보통의 발전과정을 양적·시간적으로 압축시켰고 경제 성장에 수반되는 제반 적응과정을 생략시켰다는 의미에서 '압축성장'이라고 부른다.

서양의 근대화는 500년, 산업화는 100~230년이 걸렸는데, 한국은 근대화에 50년, 산업화에 30년이 걸렸다. 그야말로 눈부신 속도다. 이러한 속도전 속에서 우리나라 국민은 선진국의 기술을 빨리 습득하는 '따라잡기 모델Catch-Up Model'을 통해 생산성을 비약적으로 향상시킬 수 있었다.

앨빈 토플러Alvin Toffler도 '빨리 빨리 문화'를 한국이 세계에서 가장 빨리 산업화를 이룬 요인으로 주목했다. 이로써 다른 나라가 100년 걸린 산업·정보화와 첨단기술 도입을 한국은 수십 년 만에 이루었다는 것이다. 그는 2007년 한국을 방문해 우리 청소년과 대화하면서 "외국인이 볼 때 한국은 '빨리 빨리'라는 신기한 문화를 가지고 있다. 기업이나 신기술에서 신속한 변화를 위한 '빨리 빨리'는 유용한 경쟁력이 된다. 속도와 시간이 우리 삶의 가장 중요한 부분임을 잊어서는 안 된다"라고 우리의 빨리 빨리 문화에 대해 긍정적인 평가를 했다.

'빨리 빨리 문화'를 통한 압축성장은 우리나라의 경제적 도약에 크게 기여했다. 우리나라는 단기간에 조선, 메모리 반도체, 철강, 자동차 부문에서 세계 선두를 달리고 있을 뿐만 아니라 이미 세계 일등 제품 70개 이상을 생산하고 있다. 즉, '빨리 빨리 문화'는 가난한 우리나라를 G20 가입국으로 만든 일등공신이라고 해도 과언이 아니다. 반면에 '빨리 빨리 문화'의 근본은 조급함과 철저하지 못함이 아니라 근면과 성실이었다. 물론 고도성장 모델이 통하지 않는 현 시점에서는 과거 압축성장 모델에 대한 반성이 필요하다.

빠른 변화 추구의 산물은
세계 최고의 휴대전화

언제 어디서나 즉시 연결되는 휴대전화는 한국인의 급한 성격과 잘 맞아떨어졌다. 여기에다 낡은 것에서 새로운 것으로 옮겨가는 데 시간을 낭비하지 않는 '빨리 빨리' 국민성은 휴대전화기업으로 하여금 늘 새로운 휴대전화를 개발하도록 촉매 역할을 했다.

2012년 미국 IT전문 매체 '씨넷CNET'이 발표한 올해 최고의 스마트폰 9종 가운데 4종이 우리나라 스마트폰이다. 씨넷은 디자인, 배터리, 용량, 카메라 성능 등 다각도로 제품을 평가했다. 이 가운데 최고의 스마트폰으로 삼성전자의 갤럭시S3와 애플의 아이폰5를 선정했다. 그뿐이 아니다. 2012년 삼성전자는 품질 면에서 최고 평가를 받았고 휴대전화 시장에서 부동의 1위 기업 노키아Nokia를 제치고 1위를 차지했다. 노키아는 14년 만에 1위 자리를 삼성전자에 내주었다. 삼성전자는 세계 스마트폰 시장점유율 28%를 차지함으로써 20%에 그친 애플을 넘어섰다.

사실 한국 휴대전화의 역사는 25년 여밖에 되지 않는다. 1988년 삼성전자가 국내 휴대전화 역사를 처음 쓰기 시작하면서 내놓은 모델이 'SCH-100'이다. 말이 휴대전화지 실제로는 벽돌보다 큰 크기에 무게가 450g이나 되었다. 게다가 이미 국내에는 모토로라Motorola를 비롯해 노키아, 에릭슨Ericsson 등 세계적인 휴대전화들이 점유율을 장악하고 있던 시절이었다. 이렇듯 초라하게 휴대전화 사업을 시작한 삼성은 1993년에 무게 100g대의 휴대전화 애니콜 'SH-700'을 출시했다. "한국 지형에 강하다"라는 카피로 국내 소비자들에게 많은 호응을 얻은 모델이다. 이후 불과 2년 뒤인 1995년 7월에 마침내 국내 휴대전화 시장점유율 1위에 올라섰고 이후 현재까지 이 자리를 지키고 있다.

2002년에는 'SGH-T100', 일명 '이건희 폰'이 1,000만 대 판매를 기록하면서 삼성전자는 노키아, 모토로라와 함께 글로벌 3대 휴대전화기업에 등극했다. 이후 슬라이드폰 '블루블랙SGH-D500'으로 또다시 1,000만 대 판매를 기록했다. 이건희 회장이 디자인의 중요성을 강조해 나온 블루블랙폰의 디자인은 세계적인 호평을 받았고, 삼성은 해마다 선풍적인 인기를 누리는 휴대전화 신형 모델을 개발해냈다. 2006년에는 미국에 진출한 지 10년 만에 1억 대를 판매하는 대기록을 세웠다. 이듬해 2007년에는 누적판매대수 7억여 대를 돌파해 세계 휴대전화시장점유율에서 노키아 다음으로 2위를 했다.

2010년 말에는 국내 스마트폰 가입자가 700만 명을 돌파했다. 같은 해 6월에 삼성은 안드로이드 스마트폰 '갤럭시S1'을 내놓았다. 갤럭시S1은 슈퍼 아몰레드Super AMOLED를 탑재해 기존 제품보다 더 선명한 화면 제공은 물론, 동영상을 인코딩Encoding하지 않고 재생할 수 있는 장점도 가졌다. 얇으면서도 뛰어난 사양과 기능을 갖춘 혁신제품이었던 것이다.

•• 휴대전화로 본 모바일 20년 발전사(2008.7.1 기준) ••

시 기	주요 내용	비 고
1988.07	서울지역 휴대전화 업무 개시	한국이동통신서비스 (현 SK텔레콤)
1989.02	대구, 대전, 광주지역 휴대전화 서비스 개시	
1995.01	휴대전화 이용자 100만명 돌파	
1996.01	CDMA디지털 휴대전화 상용 서비스 개시	*세계 최초
1997.03	KMT에서 SK텔레콤으로 사명 변경	
1997.10	PCS 3사 서비스 개시	
1999.08	이동전화 IS-95B 상용화	*세계 최초
1999.12	휴대전화 가입자 1,000만 명 돌파	
1999.12	아날로그 서비스 중단	
2000.10	CDMA2000 1X상용 서비스 개시	*세계 최초
2001.11	1xEV-DO 시범 서비스 개시	*세계 최초
2002.01	1xEV-DO 상용 서비스 개시	*세계 최초
2002.03	휴대전화 가입자 3,000만 명 돌파	
2003.07	베트남 CDMA이동전화 상용 서비스 개시	
2003.12	비동기식(WCDMA) 상용 서비스 개시	
2004.03	DMB용 위성 발사 성공	*세계 최초
2004.11	유무선 음악포털(멜론) 서비스 개시	*세계 최초
2006.05	핸드셋기반 HSUPA 서비스 상용화	*세계 최초
2006.06	와이브로 상용 서비스 개사	
2007.03	HSDPA 전국망 서비스 제공	
2007.04	이종망간(TDSCDMA-WCDMA) 영상통화 성공	*세계 최초

자료: SK텔레콤

'안드로이드의 아버지'라고 부르는 모바일 운영체제^{OS} 분야 최고 전문가인 구글의 앤디 루빈$^{Andy\ Rubin}$ 부사장은 갤럭시S가 휴대전화의 히트 요소를 모두 갖춘 '최고 중의 최고' 제품이라며 칭찬을 아끼지 않았다. 이후 갤럭시S2·S3로 이어지는 '갤럭시S 시리즈' 스마트폰은 국내외에 돌풍을 몰고 왔다. 놀라운 것은 전 세계적인 판매율 증가에 힘입어 2012년 6월 1일 기준 글로벌 판매량 5,000만 대를 돌파했다는 점이다. 스마트폰 갤럭시S·S2의 판매량이 각각 2,400만 대, 2,800만 대를 넘어서며 누적판매량 5,000만 대를 기록한 것이다. 그 뒤를 갤럭시노트가 이어받아 전 세계 소비자들에게 사랑받고 있다. 갤럭시노트는 기존의 스마트폰에 비해 큰 디스플레이를 적용함으로써 스마트폰과 태블릿 기기의 완충 역할을 했다. 여기에다 터치펜 'S폰'을 탑재해 아날로그적 감성을 즐길 수 있도록 했다.

삼성 스마트폰이 전 세계 휴대전화시장의 점유율을 장악하자 국내에서 외국 스마트폰 업체는 설 자리를 잃어버렸다. 대만 스마트폰 업체 HTC가 철수했으며, 리서치인모션^{RIM}과 노키아에 뒤이어 모토로라가 국내 휴대전화 사업에서 완전히 철수했다. 2012년에 국내에 유일하게 출시된 해외 브랜드 휴대전화는 애플의 아이폰5뿐이다. 국내 휴대전화시장에서 해외기업들이 참패한 이유는 무엇일까?

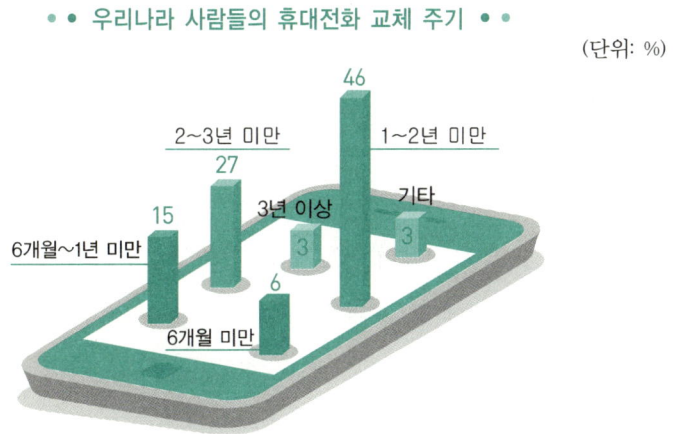

• • 우리나라 사람들의 휴대전화 교체 주기 • •

답은 바로 우리나라 특유의 '빨리 빨리 문화'에 있다. 우리 소비자들은 유행에 민감하고 스마트폰 교체주기가 다른 나라에 비해 빠른 편이다. 게다가 휴대전화가 아무리 비싸거나 저렴해도 판매량에 크게 영향을 받지 않는다. 따라서 외국 스마트폰 업체가 그들만의 차별점을 두기가 어렵다.

한 해외 스마트폰 업계 관계자는 '한국 소비자들의 눈높이에 맞추려면 한 업체당 통상 1년에 5~6종의 스마트폰을 출시해야 하는데, 녹록치 않은 게 현실'이라며 한숨을 쉰다. 글로벌 시장에 초점을 맞추고 사업을 하는 상황에서 한국의 스마트폰 교체주기에 맞춰 제품을 내기란 어렵다는 것이다.

이처럼 우리나라 사람들이 스마트폰을 빨리 교체하는 이유 중 하나는 '빨리 빨리'와 밀접한 연관을 맺고 있다. 낡은 것에서 새로운 것으로 옮겨가는 데 시간을 낭비하지 않는 '빨리 빨리' 국민성은 휴대전화기업이 늘 새로운 휴대전화를 개발하도록 촉매 역할을 했다.

만약, 한국이 아니라 느긋한 여유를 미덕으로 삼는 중국이라면 어떤 일이 벌어질까? 분명 중국인은 유행에 따라 새로운 폰을 사는 데 얽매이지 않으니 기업 입장에서는 다양하고 새로운 휴대전화를 개발할 필요성을 느끼기 어려울 것이다.

이와 같이 오늘날 우리가 세계 최고의 휴대전화 강국이 된 데는 '빨리 빨리 문화'가 큰 역할을 했다. 휴대전화를 위시한 IT제품에서 우리나라가 전 세계의 바로미터 역할을 하는 것도 바로 이러한 문화 때문이다. 우리 국민의 '빨리 빨리'가 또 어떤 스마트폰을 탄생시킬지 궁금해진다.

21세기 승자의 길, 스피드 경영

'빨리 빨리 문화'는 디지털시대의 새로운 가치인 스피드와 일맥상통하며, 정보통신강국의 밑거름인 초고속 인터넷 사용률에서 세계 1위를 차지하는 바탕이 되었다.

21세기로 접어들면서 기업의 빠른 의사결정 능력이 강조되고 있다. 제너럴 일렉트릭General Electric의 잭 웰치Jack Welch 전 회장은 1999년 10월 '21세기 경영전략과 비전'을 이야기하면서 "성공적인 기업경영을 하기 위해서는 '얼마나 미래를 잘 예측하느냐'보다는 '얼마나 신속하게 변화에 대응하느냐'가 중요하다"라고 말했다. 그는 21세기에 기업경쟁력을 좌우할 수 있는 경영덕목으로 '스피드Speed'를 꼽았다. 실제로 그는 업무수행과 새로운 기법 도입, 변화 추구에서 스피드를 중시했다. 이를 위해 목표 설정을 최소화하고 의사결정을 신속하게 했다. 또한 기존 사업을 정리할 때도 시간을 끌지 않았다.

이러한 '스피드 경영'은 그가 GE의 최연소 회장으로 부임한 후 20년간 회사의 시가총액을 무려 40배나 올려 놓은 원동력의 하나이다. 그가 이끌던 GE는 분야별 1등을 목표로 빠르게 변신을 추구함으로

써 현재의 글로벌 대기업 위치를 차지할 수 있었다.

우리나라 기업인들은 잭 웰치가 강조한 스피드 경영을 본능적으로 해 왔다. 우리 기업인들은 느린 업무처리·의사결정·제품개발을 두고 보지 못했다. 말 그대로 체질에 맞지 않아서였다.

현재 글로벌 기업으로 우뚝 선 삼성 역시 스피드 경영을 강조했다. 1997년에 삼성은 "의사결정은 현장에서 하라"라는 2기 신경영을 내세우면서 "싸게(비용), 좋게(품질), 빠르게(경쟁)"를 추구했다. 당시 삼성은 스피드 경영 수준이 선진기업 대비 59%에 머문다고 진단하고, 그해에 이를 74%까지 높이고 99년에는 100% 수준에 도달하도록 한다는 목표를 세웠다. 이 목표 달성을 위해 삼성은 부문별로 체계적인 실천전략 다섯 가지를 짰다.

첫째, 개발 스피드를 높인다. 이를 위해 상품기획 단계부터 관련 부서가 동시에 업무를 추진하기로 했다. 설계 초기부터 제품기능, 설계자료, 제조공정 등 각종 자료를 통합 관리하기로 한 것이다. 이를 바탕으로 신상품을 발 빠르게 내놓았다.

둘째, 생산물류 스피드를 높인다. 재무, 회계, 구매, 생산, 물류 등 회사 전체의 프로세스를 통합 관리하는 전산망을 구축해 국내외 전 사업장의 수주에서 출하까지 모든 단계의 정보를 즉시 볼 수 있도록 했다.

셋째, 고객대응 스피드를 높인다. 고객이 창구에 나올 필요가 없도록 새로운 지표를 마련하기로 했다. 또한 신속한 의사결정이 내려질 수 있도록 권한을 현장에 위양하기로 했다.

넷째, 설비회전 스피드를 높인다. 운전기술, 정비기술 등의 교육을 강화해 자주보전, 계획보전, 개별 개선활동 등 전사적인 설비관리로 설비고장을 사전에 예방하기로 했다.

다섯째, 경영관리 스피드를 높인다. 경영관리의 핵심인 결산 관련 업무 프로세스를 표준화·정보화해 회계결산일을 단축하기로 했다. 또한, 권한 위양을 통해 현장완결형 소사장제를 실시하기로 했다. 이와 함께 순차적으로 실시하던 합의를 기안자가 서류작성 후 곧바로 회의를 소집해 의견교환을 하고 나서 정하기로 했다. 이러한 전사적인 '스피드 경영' 개혁을 통해 IT산업에서 톡톡한 효과를 봤다.

IT산업에서 휴대전화 분야는 다른 분야에 비해 변화와 혁신의 속도가 빠른 곳이다. 이러한 속도에 맞추기 위해서 기업 입장에서는 스피드 경영이 절실하다. 스피드 경영이 자리 잡지 못한 기업이 휴대전화 사업을 해 실패한 대표적 예가 독일의 세계적인 기업, 지멘스Siemens이다. 시장과 소비자의 반응속도를 따라잡지 못했던 지멘스는 2005년 휴대전화사업을 접고 대만 기업에 사업체를 매각했다.

반대로 스피드 경영이 체질화된 삼성은 신속하게 다양한 휴대전화를 소비자의 요구에 맞게 제때 출시하는 것과 동시에 새로운 기술을 빨리 습득해 제품에 구현했다. 또한 스마트폰을 개발할 때에는 다른 기업을 재빨리 따라잡는 '패스트 팔로워Fast Follower' 전략을 써 세계적인 스마트폰기업으로 거듭날 수 있었다.

'빨리 빨리 문화'는 단지 속도만 내는 것이 아니다. 우리가 잘 알고 있는 익숙한 것을 시대의 변화에 맞게 새로운 가치를 더해 재창조하는 것이다. 주변 정황을 살피면서 스피드 경영을 할 때, 디지털 시대의 속도를 따라잡을 수 있다. 물론 여기에 정확성을 유지하기 위해서는 많은 준비와 노력이 필요하다.

한 IT 대기업 임원이 이런 말을 했다.

"무엇보다도 가장 중요한 것은 빠른 의사결정이다. 이를 위해서는 CEO부터 모든 구성원에 이르기까지 일에 관한 한 프로페셔널이 되어야 한다. 손바닥 보듯이 기술과 제품을 꿰뚫어 보고 나아가 시장의 흐름에 민감한 지식과 감각을 갖고 끊임없이 생각하고 준비해야만 하는 것이다. 또한 구성원 간의 상하·수평적 공감대 역시 중요하다. 내 경험으로 본다면, 구성원 간의 공감대가 조성되는 속도는 곧 빠른 의사결정과 정확한 실행속도로 직결된다. 물론 모든 일을 완벽하게 빨리 할 필요는 없다. 사안에 따라 빨리 결정하고 시행할 일이 있고, 천천히 생각하여 결정할 일도 있다. 100% 완벽하게 할 일이 있고, 80%만 해도 넘어갈 수 있는 일이 있다. 문제는 그것을 빨리 판단하고 결정하는 능력이다. CEO든 구성원이든 준비와 공감대 없이 판단과 결정의 디지털 속도를 달성하는 것은 불가능하다."

스피드 경영을 전면에 내세워 큰 성과를 거둔 우리나라 기업은 적지 않다. 현대모비스와 LG그룹을 예로 들자. '스피드 경영의 전도사'라고 부르는 박정인 현대모비스 회장은 빠른 업무처리를 위해 첨단 인트라넷 시스템을 구축했다. 그 뒤 현대모비스는 지속적으로 부품수출 실적이 향상되어 2002년에 '대한민국 인터넷 경영 대상', '뉴미디어 대상' 등을 수상하기도 했다.

구자준 LG화재 사장은 휴대전화 메시지로 간단한 보고사항이나 지시사항을 주고받는, 일명 '휴대전화 경영'으로 유명하다. LG화학도 '데이터 웨어하우스 Data Warehouse'라는 정보화시스템을 구축해 빠른 의사결정을 이끌어 냈다. 스피드 경영을 강조했던 LG전자 김쌍수 부회장은 2005년 '11월의 CEO 메시지'에서 스피드 경영이란 무조건 서

둘러 빨리 끝내는 것이 아니라 시간 대비 일의 효율성과 추진력을 높이고 이를 바탕으로 모든 업무영역에서 경쟁우위의 스피드를 높여 가는 것이라고 정의했다. 이를 위해서 업무의 구조와 실행방법을 재설계하고 관련 인프라를 재구축하는 것은 물론 개개인의 역량을 높여 회사 전체적으로 일의 속도가 높아지도록 해야 한다는 것이다.

이렇게 한국 기업인들의 경영 이야기를 들어 보면 스피드 경영이 무척 한국적인 경영이란 생각이 든다. 압축성장을 한 한국경제의 기업인들은 단기간에 빠른 성과를 내기 위해 '빨리 빨리 경영'을 했다. 앞으로도 스피드 경영은 우리나라의 또 다른 기업이 새로운 글로벌 기업으로 발돋움하는 데 기여할 것이다.

우리나라는 현재 세계 최고의 초고속 인터넷 국가이다. 인터넷 강국이라는 미국도 인터넷 속도는 우리나라보다 현저히 느리다. 대체 무엇이 이를 가능하게 만들었을까? 류현성의 『IT 신화는 계속된다』에 따르면, 세 가지 원인을 찾아볼 수 있다.

첫째, 저렴한 정액제 요금이다. 초고속 인터넷 서비스가 본격화할 때, 4만 원 이하의 정액제 요금제를 유지했던 것은 우리나라 인터넷 보편화에 큰 기여를 했다.

둘째, 정보화 촉진을 위한 정부정책이다. 정부는 2000년 6월, 1,000만 명 정보화 추진계획을 수립하고 정보 소외 계층을 포함한 전 국민에 대한 정보화 교육을 집중적으로 실시해 왔다. 또한, 초고속정보통신 건물 인증제도는 사이버 아파트 개념의 확산으로 정보가전산업의 발전기반을 마련한 것은 물론, 초고속정보통신에 대한 인식 확산 및 인프라 확대에 많은 기여를 했다.

셋째는 'PC방'이다. 초고속 인터넷망과 고품질의 PC를 갖춘 PC방이 초고속 인터넷 확산에 크게 기여했다. PC방은 수년간에 걸쳐 계획한 정보망 구축사업을 일시에 해결함으로써 정보 인프라에 막대한 공헌을 했다.

이 가운데서 이목을 끄는 것은 우리나라 사람의 '빨리 빨리' 습성을 고스란히 적용시킨 PC방이다. 신속하게 공·사적인 일을 처리하고 박진감 넘치게 〈리니지〉, 〈스타크래프트〉 등 온라인 게임을 하기 위해 우리나라 사람들은 더 빠른 인터넷 환경을 요구해 왔다. 이에 따라 우리나라에는 초고속 인터넷을 마음껏 즐길 수 있는 PC방 문화가 생겨났다.

PC방 문화를 만들었던 '빨리 빨리'가 우리나라를 초고속 인터넷 최상위국으로 만든 주요 원인임은 분명하다. 그렇다면 '빨리 빨리'는 자랑할 만한 국민성이 아닐까? 삼성경제연구소에서 나온 디지털 소비자를 위한 마케팅 책 『커스터머 인사이드』에서는 그렇고 말했다.

우리 특유의 '빨리 빨리 문화'는 디지털시대의 새로운 가치인 스피드와 일맥상통하며, 정보통신강국의 밑거름인 초고속 인터넷 사용률에서 세계 1위를 차지하는 바탕이 되었다. 제프리 존스 경기도영어문화원 원장은 세계 어디에서도 한국인처럼 변화에 대한 두려움이 없는 사람들을 만나 보지 못했다고 말한다. 한국인은 '빨리 빨리 문화'에 익숙하며 변화를 좋아하고 심지어 즐기기까지 한다. 한국인의 이러한 태도야말로 디지털시대가 요구하는 가장 중요한 덕목이 아닐까?

2. 신바람 문화

한국인은 신바람을 가지고 있다. "닐리리아 니나노~ 얼씨구 좋다"라는 우리 특유의 신바람 문화 말이다. 기분과 감정에 많이 좌우된다는 부정적 측면도 있지만, 좋은 리더를 만나면 얼마든지 좋은 방향으로 발휘될 수 있는 것이 바로 신바람 문화이다.

외국인들이 우리나라에 와서 받는 문화적 충격 중 하나는 집단주의다. 우리나라 사람들은 몰려다녀야 직성이 풀리는 것처럼 보인다는 것이다. 이러한 운명공동체 의식, 단일민족에게 존재하는 묘한 정서 세계는 다른 나라에서 찾아보기 힘들다.

우리나라 사람은 남과 비교하고 남을 의식하는 경향이 뿌리 깊다는 비난이 종종 있는데, 다른 관점에서 보면 이는 남 일을 남 일로 여기지 않는 공동체 의식에서 시작한 것이라고도 할 수 있다. 오히려 같은 조직이라는 소속감과 자부심을 심어 주고 비전을 갖게 해 준다면 이 또한 한국인 특유의 우수함으로 발휘될 수 있을 것이다.

기업경영 측면에서
신바람이 가지는 의미

세계적인 기업의 반열에 오른 삼성전자는 1993년 '신바람 운동'을 전개해 분산된 조직 구성원의 마음을 하나로 통합하는 기업문화를 만들어 거대 기업조직을 살아 있는 생명체처럼 움직이게 했다.

대한민국은 IMF 경제위기를 맞고도 2년 남짓한 사이에 위기를 벗어난 유일한 나라이다. IMF 위기 때 금을 모으자고 했더니 전국 곳곳에서 금광이 무더기로 발견된 듯 금이 마구 쏟아져 나오지 않았는가? 이렇게 한번 하자고 하면 한국인들은 가리지 않고 치닫는 저력이 있다.

이어령은 기업경영의 측면에서 신바람이 가지는 의미를 주목했다. 그는 『기업과 문화의 충격』에서 손바닥과 손등이 합쳐져야 비로소 신명이 나듯이 신바람 경영이 성공하면 시퍼런 작두 위에서 춤을 추는 신들린 무당처럼 초인적인 힘을 발휘할 수 있는 것이 한국 기업인이며 기업경영이요, 또한 근로자라고 했다. 반면에 신바람이 나지 않고 마음에 맺힌 것이 있으면, 평양감사도 제 하기 싫으면 안 한다는 말처럼 어떤 이익이 있어도 움직이지 않는다고 했다. 신바람이란

천지가 합쳐지는 상태에서 솟는 힘으로 노사가 정신적·물질적으로 화합하고 삼재사상처럼 이질적인 것들이 상생의 힘을 가지고 하나가 될 때 생겨나는 황홀감이다. 무당이 춤추고 신들린 상태의 초자연적인 활력이 우리 기업정신의 본바탕이라고 할 수 있다는 것이다.

이러한 신바람의 경제·산업적 가치를 일찍이 주목한 이가 'W이론'을 내세운 이면우 교수다. 그는 미국의 X·Y이론, 일본의 Z이론에 대응하는 한국 현실에 맞는 발전전략을 W이론을 통해 제창했다. X이론은 미국 포드사가 수동적 업무태도를 능률급제 도입 등으로 개선시켜 산업발전을 꾀해야 한다는 내용이고, Y이론은 조직원들에게 적절한 동기를 부여해 생산성을 향상시킨다는 내용이다. Z이론은 오우치Ouchi 남캘리포니아대학 교수가 창안한 것으로 선진국 기술을 일본의 토양에 맞게 소화시켜 기술의 효율성을 높인다는 전략이다.

반면, W이론의 핵심은 온 국민의 자발적인 참여에 의해 생기는 신바람과 현실에 근거한 혁신적인 실사구시實事求是를 말한다. 이면우 교수는 우리 민족이 신바람을 갖고 한 일에는 실패가 없었다고 한다.

일례로 그는 자신이 세계 최초로 개발한 유아용 컴퓨터 '코보' 제작과정에서 만난 신바람의 위력을 소개했다. 각 부서에서 선발된 제작요원들은 무기력하고 무능력해 보였다. 하지만 뚜렷한 목표의식과 연대감이 생기자 신바람을 내서 40일 만에 제품을 완성했다.

조범상의 「신바람 일터로 가는 길」 연구 보고를 보면, 신바람의 경제·산업적 가치를 확인할 수 있다. 그에 따르면 일반 기업과 신바람이 조성된 기업의 성과는 확연한 차이를 보인다는 것이다.

짐 콜린스는 『좋은 기업을 넘어 위대한 기업으로』에서 지속적으로 성과를 내는 것은 규율을 지키는 자율적인 사람들로 가득한 문화를 만드는 것에 달려 있다고 한다. '규율의 문화'는 이중성을 갖고 있어서 사람들이 일관된 시스템을 고수해야 하는 한편 그 시스템의 체계 안에서 자유와 책임도 부여받는다고 한다.

훌륭한 기업에는 그들만의 위대한 문화가 있기 마련이다. 좋은 회사에서 위대한 회사로 도약한 기업들은 규율의 문화를 가지고 있다. 규율의 문화는 직원들에게 강제를 동반하는 시스템 내에서 자유와 책임을 부여한다. 때문에 위대한 회사는 관리할 필요가 없는 자율적인 사람들을 채용한 뒤 사람들이 아니라 시스템을 관리한다.

위대한 기업문화에서 주목할 점은 직원들에게 자유와 책임을 부여한다는 것이다. 이렇게 할 때 직원들은 비로소 신바람 나게 일할 마음이 들 것이다. 강제와 규제, 관리만으로 이루어진 기업문화에서

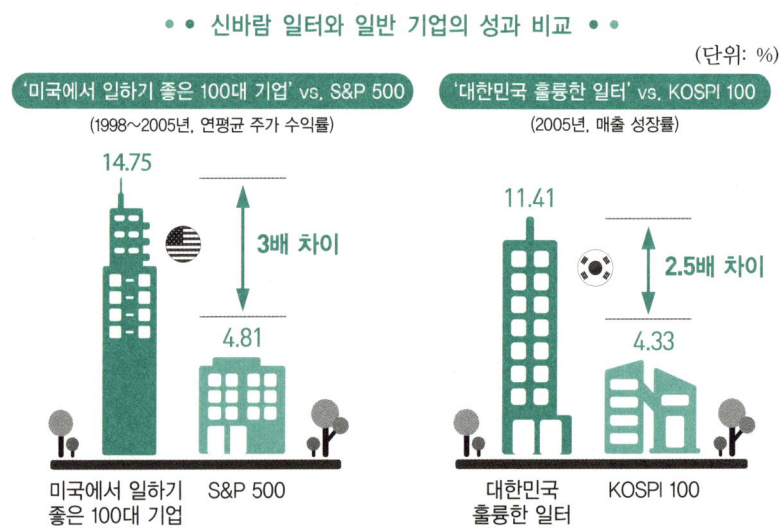

는 직원들이 자신의 잠재력을 충분히 발휘하기가 어렵다.

세계적인 기업의 반열에 오른 삼성 역시 직원들의 자율을 중시했다. 1992년 이건희 회장은 제2창업정신의 요체로 내세운 자율경영 방침에 따라 사별로 '역할 마이 마이My My 운동'을 전개했다. 이를 통해 임직원들에게 자율성을 부여해 신바람과 흥이 살아날 수 있게 했다. 이건희 회장은 한국인은 원래 신바람이 나야 일을 잘하고 스스로 알아서 하는데 삼성 임직원들은 자율적인 분위기에 약한 것이 흠이라며 이 운동을 제안했다. 이 운동은 의사결정권을 대폭 하부 및 현장으로 위양해 모든 부문·직책의 권한과 소임을 재정립했다.

연장선상에서 1993년 삼성전자는 '신바람 운동'을 전개해 분산된 조직 구성원의 마음을 하나로 통합하는 기업문화를 만들어 거대 기업조직을 살아 있는 생명체처럼 움직이게 했다.

이처럼 삼성은 새로운 경영과 새로운 기업문화 정립에 어느 기업보다 발 빠르게 대처했다. 이 때문에 1994년 삼성전자가 내놓은 '신바람 세탁기'의 명칭도 색다른 울림으로 다가온다. 가전제품은 당시 사회 분위기를 반영하는데, 삼성전자는 1994년의 사회 분위기를 '신바람'으로 파악했던 것이다. 회사 내는 물론 사회 전체적으로 새로운 동력이 필요했고 그것이 바로 신바람이었다.

2008년 글로벌 금융위기 이후 전 세계적인 흐름에 따라 우리나라 기업들도 활력이 많이 사라진 듯하다. 우리에게 전통적으로 이어져 온 신바람 문화를 통해 다시금 우리 기업들이 재도약할 수 있는 발판을 마련하기를 기대한다.

2002 월드컵 길거리 응원,
전 국민이 하나가 되다

한국경제의 흐름을 바꾼 사건 중 하나가 바로 2002년 월드컵이다. 길거리 응원이라는 새로운 문화를 만들어 낸 '붉은악마'의 응원은 민족 역사의 한 전환점이라 불릴 만하다.

한국경제의 흐름을 바꾼 사건 가운데 하나가 바로 2002년 월드컵이다. 이는 한국과 일본에서 개최된 21세기의 첫 월드컵이자 아시아 최초의 월드컵이었으며, FIFA(국제축구연맹) 월드컵 사상 초유의 공동개최였다.

월드컵기간 중 한국 국가대표 축구팀 응원단인 '붉은악마'를 비롯한 온 국민이 경기장, 광화문 사거리 등 전국의 거리에서 열렬한 응원을 펼쳐 전 세계의 이목을 집중시켰다. 월드컵 4강 진출은 한국인의 의식에 혁명에 가까운 변화를 일으켰다. 당시 월드컵에서 보여준 한국 축구대표팀의 분투와 붉은악마의 길거리 응원전은 전 세계인을 감동시켰을 뿐만 아니라 우리 국민 스스로에게도 많은 것을 깨우쳐 주었다.

예상과 달리 한국 국가대표 축구팀이 차례로 강팀을 격파하기 시작하자 전 국민이 열광의 도가니에 빠져들었고 국민의 뜨겁고 신바람 나는 성원에 보답하듯 태극 전사들은 그라운드 위에서 최선을 다해 달리고 또 달렸다.

우리 국가대표팀은 예선에서 포르투갈과 폴란드를 이기고 본선에 올라, 이탈리아와 스페인을 연파하며 4강에 올랐으나 독일에 안타깝게 패했다. 3, 4위전에서 터키와 선전을 펼쳤으나 아깝게 패배하여 4위에 그쳤다.

세계 언론은 4위라는 한국의 성적을 기적이라고 표현하며 칭찬했다. 이와 더불어 새로운 응원문화는 한국을 세계에 널리 알리는 좋은 계기였다.

16강을 지나 8강으로, 그리고 꿈만 같은 4강에 진입해 갈수록 길거리 응원전에 참가하는 인원도 기하급수적으로 늘어났다. 우리 대표팀이 총 일곱 차례의 경기를 치르는 동안 거리로 나온 인원은 점점 늘어났다. 폴란드전 50만 명, 미국전 77만 명, 포르투갈전 279만 명, 이탈리아전 420만 명, 스페인전 500만 명, 독일전 700만 명으로, 이는 국민의 절반에 해당하는 2,400만 명에 달한다.

우리 대표팀의 경기가 있는 날은 전국의 길거리가 온통 붉은색 물결로 출렁거렸다. 길거리로 쏟아져 나온 국민들은 한민족이라는 일체감을 맛보았다. 그 모습은 흡사 1945년 광복 때 전국의 길거리로 쏟아져 나와 '만세'를 외치며 환호하던 국민들과 같았다. 전 국민은 너나 할 것 없이 축제의 주인공이 되어, 신명나게 응원전을 펼쳤다.

사실, 그때만 하더라도 우리나라에서는 '붉은색 = 빨갱이'라는 편견이 있었다. 하지만 우리 축구팀을 응원하기 위해 자발적으로 모인 붉은악마의 붉은색 티셔츠는 우리 국민이 그동안 지녔던 '레드 콤플렉스'를 완전히 떨쳐버리게 했다. 이념에 비교적 자유로웠던 붉은악마는 티셔츠에 '비 더 레즈Be the Reds'라는 문구를 적었다. 이로써 붉은색이 패기와 승리의 색을 상징하면서 전 국민 또한 붉은색을 그렇게 받아들였고, 또 그 색에 완전히 도취되었다.

이어령은 붉은악마의 자발성을 주목했다. 그는 『문화코드』에서 붉은악마가 21세기 새로운 화두인 '오토포이에시스Autopoiesis'를 세계 최초로 구현한 현상이라고 분석했다. 인터넷에서 모인 축구동호회, 붉은악마가 온라인과 오프라인을 자유롭게 들락거리며 사회현상으로 발전했던 것이다. 오토포이에시스란 오랫동안 인류가 꿈꾸어 온 이상적인 자율조직의 사회 시스템이다. 축구라는 매개체가 있었지만 20세기의 관료주의를 대체할 자율적인 자기조직화 현상이 한국에서 먼저 생겨난 것으로 해석할 수 있다는 것이다. 오토포이에시스는 개인이 집단에 매몰되는 맹목적인 집단주의와 달리 '얼굴이 있는 집단주의'이다. 21세기형 군중인 스마트몹Smart Mob이 축구를 매개로 자발적으로 모였다 끝나면 금방 사라지는 '액체형 사회'의 주인이 된 것이다. 여기에 바로 한국인의 저력이 있다고 이어령은 설명한다.

2002년의 한일 월드컵 길거리 응원전에서 빼놓을 수 없는 게 있다. 붉은악마의 '짝짝짝 짝짝' 박수와 '대~한민국' 구호이다. 반복적이고 열정적인 박수와 구호 속에서 길거리에 나온 모든 국민은 온전히 혼연일체가 될 수 있었고, 응원 박수와 구호는 국민 모두에게 친숙해졌다.

김지하 시인은 붉은 악마의 박수와 구호에 한민족의 특별한 의미를 부여한다. 그는 이 박수와 구호는 태극기의 원리와 맥을 같이 한다고 말했다. 구호는 '3박 + 2박'의 형식을 띠는데, 전반의 3박은 '움직임', '역동', '혼돈', '변화'를, 후반의 2박은 '고요함', '균형', '질서', '안정'을 의미한다. 3박은 태극기의 붉은색 즉, '양'을 뜻하며 2박은 태극기의 푸른색, '음'을 뜻하기 때문에 전체적으로 '3박 + 2박'은 양과 음이 합쳐진 '태극'이라고 풀이했다. '대~한민국' 구호가 4박자의 안정된 틀 속에서 '대'를 길게 끌어 '대'와 '한'이 3박을 만들어 그 뒤의 2박과 엇섞여 역동적 균형 또는 안정적 변화를 표현한 것으로 보았다.

또 김지하 시인도 붉은악마의 자발성을 높이 샀다. 그는 붉은악마가 동학농민전쟁과 6월항쟁과 같은 '자발적 역동성'을 스포츠를 통해 분출했다고 봤다. 붉은악마의 응원 열기와 자발성을 높이 평가하면서 우리 민족은 지도자보다 백성이 강한 민족이라는 점을 강조했다. 왕이 도망가도 죽창을 들고 수백만 명이 일어서서 외세를 막아온 민족이다. 이런 의미에서 붉은악마의 응원은 민족 역사의 한 전환점으로 삼을 수도 있다.

결국, 그는 붉은악마 응원의 역동적 균형은 우리 민족 고유사상의 전 세계적·문화적 승리라고 주장했다. 2002년 서울 광화문과 전국을 휩쓴 붉은 물결을 우리 민족이 고통과 억압 아래 짓눌려 있던 한恨의 일방적 지배를 마침내 걷어내고 도리어 한을 동반한 흥興의 일대 폭발을 기록한 문화적 대사건이라고 평가한 것이다. 붉은악마는 흥이며 신, 신명, 신바람이다. 영고, 동맹, 무천과 같은 한민족 고대 축제 때 사흘 낮, 사흘 밤을 춤추고 노래했다는 바로 그 흥이다. 그 핵심은 한을 동반한 흥과 에코·디지털의 결합에 있다. 이처럼 한일 월드컵은 전 국민을 흥과 신명, 신바람의 도가니 속으로 몰아갔음에 틀림없다.

2002 한일 월드컵은 국민의식에 큰 변화를 가져왔다. 한국갤럽이 13세 이상 우리나라 국민 634명을 대상으로 한 조사에 따르면, '자부심을 많이 느낀다' 79%, '어느 정도 느낀다' 15% 등 자부심을 느낀다는 응답이 94%나 나왔다. 외국에 살고 있는 우리 교포 2세 가운데서 2002 월드컵을 보고 조국 대한민국을 다시 평가하고 더욱 사랑하게 되었으며 한국어를 배우겠다는 사람도 많이 늘었다고 한다. 이처럼 국민의 자부심이 크게 높아진 것은 길거리 응원전을 통해 전 국민이 흥과 신명 그리고 신바람 속에 하나가 되었기 때문이다. 이제 우리나라 국민은 더욱 자신감을 가지고 세계 경제인들과 어깨를 나란히 해 글로벌 경제시대에 대응할 수 있어졌다.

음주가무에서 찾은
한강의 기적을 일으킨 비밀

우리나라는 음주가무의 신바람을 창조적이고 건설적인 에너지로 승화시켜 왔다. 전후 잿더미에서 눈부시게 경제를 발전시켜, '한강의 기적'을 이루어냈다. 그 기적의 비밀 하나를 음주가무의 신바람에서 찾을 수 있다.

한국을 방문하는 외국인들이 점차 많아지고 있다. 2012년 외국인 관광객 수가 1,000만 명을 돌파했다. 외국인이 손에 든 관광안내책자는 한국을 '고요한 아침의 나라'로 소개하고 있다. 하지만 직접 한국을 두 눈으로 본 외국인들은 한결같이 고개를 갸웃거린다. 왜 '고요한 아침의 나라'라고 하는 건지 이해하기 어렵다는 반응이다.

한국이 외국에 '고요한 아침의 나라'로 알려진 건 퍼시벌 로웰Percival Lowell이라는 미국인이 조선을 방문하고 돌아가 1885년에 『조선, 고요한 아침의 나라(Choson, The Land of Morning Calm)』라는 책을 출간했던 데서 시작한 듯하다. 미국의 저술가인 윌리엄 엘리어트 그리피스William Elliot Griffis는 그보다 3년 전인 1882년에 쓴 『은둔의 나라, 코리아(Corea, The Hermit Nation)』라는 책의 서문에서 처음으로 조선朝鮮의 뜻을 풀이해 '고요한 아침의 나라'라고 썼다. 이로부터 전 세계에 한국의 이미지가 '고요'로 고착된 듯하다.

하지만 크리스천 올리버의 말처럼 한국은 전혀 '고요한 아침의 나라'가 아니다. 오히려 그 반대이다. 한국을 방문하는 외국인들은 이 구동성으로 한국을 '다이나믹한 나라'라고 평한다. 외국인이 한국의 모습 중 대표적으로 신기해하는 것이 한국인의 음주가무 문화이다.

한국에서 직장생활을 잘하려면 근무시간 이후의 직장문화에 적응해야 한다고 말한다. 한국인과 떼려야 뗄 수 없는 각종 회식 자리에는 기름진 음식과 술이 차려지고 분위기를 돋우기 위해 노래와 춤이 뒤따른다. 회식이 끝난 뒤 가장 많이 하는 일도 노래방에 가는 일이다.

사실, 한국인의 음주가무 문화는 어제 오늘 갑자기 생긴 게 아니다. 까마득한 시절부터 오늘날까지 대대로 이어져 왔다. 『삼국지』「위지 동이전」은 한국인의 조상인 동이인東夷人에 대해 이렇게 전한다.

> "동이인은 하늘에 제사를 올리고 나서 며칠을 계속해서 술 마시고 밥 먹고 노래하고 춤을 추었다."

이렇듯 지금 한국인이 음주가무를 즐기는 건 우리 조상으로부터 그 DNA를 이어받았기 때문이다. 따라서 음주가무는 한국인의 피를 가진 사람이라면 누구나 피할 수 없다. 음주가무 본래의 의미는 위의 인용문을 보면 알 수 있다. 한국인은 유흥을 위한 유흥으로 음주가무를 한 게 아니라 신에 대한 제사의 연속적인 과정의 하나로 행했다. 제사와 음주가무는 서로 상반된 것으로 보이지만 우리 문화에서만큼은 상생의 문화이다. 『신명의 심리학』에 따르면, 우리나라에서는 '신난다'의 '신'과 신령의 '신神'을 구분하지 않고 사용해 왔다고 한다. 사전에 따르면 '신명'의 뜻은 '흥겨운 신이나 멋'이고 한자어의 '신명神明'은 '천지天地의 신령'이다. 이처럼 명백히 다른 의미에도 불구하고 우리나라에서는 특별하게 그 의미를 부각시키거나 강조하지 않는 한 '신난다, 신바람 난다'의 신명과 신령의 신명이 동일하게 사용되어 왔다. 그래서 음주가무를 하면서 흥이 생길 때 신난다, 신바람 난다고 하는 것과 접신으로 몸에 신이 실린다고 하는 것은 하나다. 이 말은 곧 음주가무를 통해 얻은 흥과 즐거움의 '신'과 제천의식에서 숭배하는 '신神'이 상통한다는 것이다.

신명이 나면 한국인들은 신명이 몸에 실리는 것과 같은 기쁨과 환희를 느낀다. 지나친 음주가무는 건강에도 해롭고 문제를 일으키지만 신神적인 것과 결부된 음주가무는 적절한 수준을 지킬 경우 매우 긍정적인 역할을 한다. 음주가무는 사람들로 하여금 흥과 신명, 신바람이 나게 하여, 인간관계를 매끄럽게 하는 촉매역할을 할 때가 많다. 외국처럼 식사를 하고 나서 말짱한 정신으로 이야기만 나누는 회식 문화에서는 상상도 할 수 없는 일이다. 우리는 음주가무를 통해 계산적인 태도를 버리고 가슴과 가슴으로 인간관계를 맺는다. 그래서 음주가무의 자리에서 너나 할 것 없이 "우리가 남이가?"라는 말을 스스럼없이 한다.

음주가무의 장점은 또 있다. 일단, 음주가무로 결속한 조직이나 단체는 그렇지 않은 단체에 비해 생산성이 높을 수 있다. 왜냐하면 흥과 신명, 신바람이 난 조직과 단체는 맹렬하게 일에 매진하기 때문이다. 각자의 신명은 바람처럼 다른 이들에게 번지고, 이렇게 신바람이 일면 신명身命을 다해 일상적인 자신의 능력을 초월하는 신명의 능력을 발휘한다.

이규태는 『절망을 희망으로 바꾸는 한국인의 힘 1』에서 신바람은 흥으로도 나타나고 희열로도 나타나며 눈물로도 나타나지만 논리로 설명할 수 없는 저력으로도 나타난다고 했다. 정상적인 사람의 노동력은 '1+1=2'지만 신바람이 난 사람의 노동력은 '1+1=3'이다. 플러스 알파가 생기는 것이다. 추수 후 볏단을 운반할 때 '신바람 턱'이라는 주흥을 베푸는데, 이 주흥으로 신바람을 유발시키면 이틀 걸릴 일을 하루하고 반나절 만에 끝내기도 한다. 한국인에게 이러한 저돌적인 저력이 있다는 점은 희망적이다. 이 신바람이라는 잠재력이 기업이나 단체 등 집단에서 효과적으로 유발되었을 때 계산하지 않은 번창이, 그리고 국가 차원에서는 세계가 놀랄 만한 번창이 기약될 수 있다. 곧 신바람이 국력으로 이어지는 것이다.

한국인은 누구나 다 가수다. 전 세계적으로 한국처럼 음주가무에 능한 나라가 없다. 물론 음주가무의 폐해가 없지 않다. 그럼에도 우리나라는 음주가무의 신바람을 창조적이고 건설적인 에너지로 승화시켜 왔다. 한국전쟁 이후 잿더미에서 눈부시게 경제를 발전시켜, '한강의 기적'을 이루어냈다. 그 기적의 비밀 하나를 음주가무의 신바람에서 찾을 수 있다.

한류의 대표주자 K-POP,
흥과 신명의 난장

싸이는 그간 K-POP을 통해 드러났던 한국인의 '(음주)가무' DNA를 가장 잘 드러냈다. 우리 민족 고유의 흥과 신명, 신바람의 노래와 춤을 가수 싸이는 노래 〈강남스타일〉과 말춤을 통해 보여 준다. 이에 전 세계인들에게 흥과 신명의 열기가 퍼져 나가고 있다.

한류가 전 세계를 뜨겁게 달구고 있다. 넌버벌 퍼포먼스Non-Verbal Performance 〈난타〉, 한국 드라마 〈겨울연가〉, 〈대장금〉을 비롯해, K-POP이 세계 여러 나라 사람들의 눈과 귀를 사로잡고 있다. 최근에는 가수 싸이가 유튜브YouTube 조회수 13억을 돌파하고 미국 빌보드 차트Billboard Chart 2위에 오르면서 전 세계 어디를 가도 〈강남스타일〉이 나올 정도로 큰 인기를 얻었다.

이 가운데 싸이가 돋보이는 이유는 무엇일까? 무엇보다 그간 미국, 유럽은 K-POP의 난공불락 지역이었는데, 싸이가 혼자 그 철옹성을 허물어버렸다. 얼마 전에 싸이는 에펠탑 앞 광장에 모인 약 2만 명의 프랑스인들 앞에서 〈강남스타일〉을 불렀고, 군중들은 말춤을 따라하면서 열광했다. 바야흐로 K-POP은 전 세계인이 애호하는 문화상품으로 자리 잡았다.

싸이는 그간 K-POP을 통해 드러났던 한국인의 '(음주)가무' DNA를 가장 잘 드러냈다. 우리 민족 고유의 흥과 신명, 신바람의 노래와 춤을 가수 싸이는 〈강남스타일〉 노래와 말춤을 통해 보여 준 것이다. 이에 전 세계인들에게 흥과 신명의 열기가 퍼져 나가고 있다.

가장 먼저 세계에 한국인의 흥과 신명을 알리고 한류를 이끈 것은 사물놀이다. 세계적으로 호평을 받고 있는 사물놀이 명인 김덕수는 자신을 한민족의 영혼이 담긴 신명을 글로벌화하기 위해 존재하는 행위예술가로 생각한다. 그래서 그의 호도 '신명神明'이다. 그의 저서 『신명으로 신명을 두드리다』에서 장구, 북, 꽹과리, 징이 만나면 쇳소리 둘은 하늘로 치솟고 가죽소리 둘은 땅에 퍼진다고 표현했다. 쇠가 다져내는 시간을 북이 갈라내고, 장구가 속을 채우면 징소리가 이를 휘감아 한데 섞이게 한다는 것이다. 외국의 한 신문은 사물 소리가 소나기처럼 시원하다며 "신을 부르는 소리"라고 표현했다.

언젠가 미국의 어느 일간지가 한국과 일본 문화를 타악기를 통해 비교한 적이 있다. 그중 이런 인상 깊은 대목이 있었다. "일본 것은 좋아할 수 있다. 그런데 한국 것은 사랑할 수밖에 없다." 'Like'와 'Love'의 감정은 분명 차이가 있다.

이러한 우리나라의 원형인 흥과 신명은 국악에만 머물러 있기는 아쉽다. 지난해 단일공연 사상 처음으로 연간관객 100만 명을 돌파하고 16년째 상연 중인 넌버벌 퍼포먼스 뮤지컬 〈난타〉에도 사물놀이의 흥과 신명이 깃들어 있다. 난타는 칼, 도마, 냄비, 프라이팬 등 주방기구가 타악기가 되는 한국형 뮤지컬 퍼포먼스이다. 실제로 김덕수는 〈난타〉에 예술감독으로 참여하고 멤버들과 1년간 어울려 사물놀이 장단을 다듬었다고 한다. 물론 상업성에 초점을 맞추긴 했지만, 여기에는 분명 우리의 정신, 신명이 깃들어 있다. 영국의 〈스텀〉이나 캐나다의 〈태양의 서커스〉는 전 세계 아이템을 복합적으로 엮어서 판매하는 상품이다. 김덕수는 그것을 보며 〈난타〉의 가능성을 충분히 읽고 결국 우리만의 기운과 에너지, 즉 신명을 담아 세계무대로 나가 국제적으로 커다란 호응을 받았다.

또 〈난타〉를 기획한 송승환은 외국 생활을 하면서 우리 문화를 알릴 수 있는 방법을 생각하던 중 외국인들이 사물놀이를 흥미로워한다는 사실을 알았다. 그리고 그는 사물놀이를 새롭게 무대에 올릴 수 있는 아이디어를 떠올렸다고 한다. 사물놀이는 처음 10여 분은 상당히 흥겨운데 시간이 지날수록 지겨워지는 경향이 문제였다. 그래서 그가 생각한 것이 당시 미국에서 붐이 일기 시작하던 넌버벌 퍼포먼스였고, 사물놀이의 흥겨운 리듬을 친숙한 연극의 틀에 넣었다. 이렇게 해서 사물놀이의 전통적인 흥과 신명은 현대적 작품으로 재탄생할 수 있었다.

〈난타〉의 파급력은 기존 사물놀이를 훨씬 뛰어넘었다. 1997년 초연 이후 뉴욕 브로드웨이를 비롯한 43개국 280개 도시에서 공연해 인지도를 높였고, 국내에 상설공연장 네 곳을 열어 관광상품으로 만든 전략이 성공을 거두었다.

이처럼 사물놀이와 〈난타〉를 관통하고 있는 흥과 신명은 K-POP에서 대성공을 거두고 있다. 전 세계인들이 한국말로 노래를 따라 부르고 춤추는 것은 물론, 한국에서 열리는 K-POP 페스티발에 적극적으로 참가하고 있다.

K-POP의 대표적인 특징은 흥겨운 노래에 역동적인 춤이 뒤따른다는 점이다. 노래도 노래지만 무대 위에서 한 편의 춤 공연처럼 여겨질 정도로 일사분란하게 펼쳐지는 춤은 한시도 시선을 떼지 못 하게 만든다.

이화여대 무용과 김말복 교수도 K-POP 가수를 춤과 노래를 사랑하는 우리 민족의 후예로 보면서 한류문화를 선도하는 중심에 춤이 있음을 강조한다. K-POP의 근본적인 속성으로 자리 잡은, 절도 있고 힘이 넘치는 춤의 진정한 비법은 신명나는 한국 춤의 유전자와 구조에서 찾아야 한다는 것이다.

이와 같은 맥락에서 최준식 교수는 K-POP의 뿌리를 '신기神氣'로 파악한다. 그의 말에 따르면, 한국인에게는 문기文氣와 신기의 두 유전자가 큰 영향력을 발휘하는데, K-POP의 근저에는 신기가 작용하고 있다. 노래하고 춤추기를 좋아하는 우리네의 신과 그 신기는 무교 의례인 굿판에서 이어지는 접신, 혹은 초혼과 무당의 망아, 그리고 뒷전풀이에서 드러나는 노래며 춤과 궤를 같이하는 원형질이다. 한류 돌풍은 즉흥적이지만 순간적으로 전체를 파악해 감성적으로 발산하는 한국인의 특징, 신기가 물을 제대로 만나 폭발한 '한국문명의 승리'이다.

21세기는 문화 콘텐츠가 엄청난 부가가치를 창출하는 시대이다. 미국의 경우 할리우드 영화는 미국의 제2 수출품목으로 세계시장의 70%를 점유하고 있다. 영국의 조앤 K. 롤링이 쓴 『해리 포터』시리즈는 전 세계에서 4억 부 이상 판매되었고 영화로도 제작되어 흥행을 거뒀으며 캐릭터 상품도 불티나게 팔렸다. 이를 통해 해리 포터가

•• 신흥 한류 지역의 수출 증가 사례(2011년) ••

구분	국가	주요 수출 증가 품목(전년 대비 수출 증가율 %)
중동	이라크	음료(1,981), 휴대전화(303), 승용차(127)
	이란	음료(254), 텔레비전(115), 승용차(61), 화장품(24)
	사우디아라비아	의류(72), 휴대전화(64), 텔레비전(47), 화장품(29)
중남미	페루	승용차(128), 휴대전화(105), 냉장고(58), 세탁기(83)
	멕시코	승용차(112), 텔레비전(45), 냉장고(32), 의류(35)
	브라질	VTR(190), 의류(90), 승용차(68), 텔레비전(62)
중앙아시아	우즈베키스탄	화장품(102), 승용차(72), 냉장고(44)
	카자흐스탄	승용차(275), 텔레비전(115), 냉장고(56), 휴대전화(28)

주: 각 수치는 반올림해서 계산됨
자료: 관세청(2011.6.25), "한류, 새로운 수출동력으로 활용" 보도자료

'마법'처럼 거둬들인 매출은 300조 원이 넘는다. 우리나라가 지난 10년간 판매한 반도체 수출총액 230조 원보다 많은 숫자다.

K-POP을 비롯한 음악산업 수출은 2006년 1,700만 달러에서 2011년에는 1억 7,700만 달러를 기록해 영국과 미국의 간판문화상품과는 비교가 안 될 정도로 적다. 그러나 한류의 경제적 효과는 2012년에 12조 원에 이를 것으로 추정하고 있다. K-POP은 자체 수출액과는 별도로 국가 홍보, 우리나라 상품의 인지도 상승, 관련 상품 개발에 기여하는 등의 파생효과가 엄청나다. 그리고 무엇보다 무섭게 성장하고 있다는 점을 잊지 말아야 한다. K-POP의 근저에는 사물놀이에서 〈난타〉로 이어지는 우리 민족 고유의 흥과 신명이 흐른다. 앞으로 무수한 제2의 싸이가 탄생할 것을 기대한다.

3. 젓가락 문화

섬세한 손놀림을 가진 한국인들의 손재주는 세계적으로도 명성이 나 있다. 한국인의 손재주는 오늘날 한국경제를 성장시키는 데 큰 역할을 했다. 손재주가 뛰어난 이유 중 하나는 바로 젓가락chopsticks 문화 때문이다. 젓가락은 아시아 문화에서 매우 중요하다. 젓가락은 아시아 전역에서 5,000년이나 되는 오랜 역사를 가지고 있고 금에서부터 나무에 이르기까지 다양한 재질로 만든다. 우리나라 젓가락이 중국이나 일본과 다른 점은 나무젓가락보다 훨씬 더 사용하기 어려운 쇠젓가락이란 점이다. 우리나라 사람들은 어릴 때부터 쇠젓가락질을 하면서 자연스레 섬세한 손재주를 기를 수 있었다.

줄기세포로 '스너피Snuppy'라는 아프간하운드 복제견을 만든 황우석 박사. 그는 2005년 2월 18일 《LA타임즈(Los Angeles Times)》 기자회견에서 자신의 연구가 성공할 수 있었던 중요한 요소로 우리의 쇠젓가락 문화에서 터득한 손재주를 들었다. 쇠젓가락질이 난자의 핵을 집어내 새로운 유전적 물질을 주입하는 극도로 민감한 작업에 있어 완벽한 사전 훈련이 되었다는 것이다.

산업현장 곳곳에서 빛을 발하고 있는 한국인의 뛰어난 손재주

섬세한 손놀림을 가진 한국인들의 손재주는 세계적으로도 명성이 나 있다. 이는 오늘날 한국경제를 성장시키는 데 큰 역할을 했다.

젓가락 문화로 얻은 한국인의 뛰어난 손재주를 자랑하는 분야가 병아리 감별이다. 전 세계 병아리 감별사의 60%가 한국인이다. 병아리 감별사가 하는 일은 말 그대로 달걀에서 부화한 병아리의 암수를 24시간 내에 구별하는 것이다. 병아리 감별사는 병아리의 항문 부분에 돌출한 돌기를 손의 감각과 시력만으로 판별해낸다. 0.4초당 한 마리씩 감별해내는 한국인의 손재주는 놀랍다.

한국인의 뛰어난 손재주는 산업화 시기부터 현재까지 산업현장 곳곳에서 빛을 발했다. 산업화 초기의 가발과 신발산업부터 중화학공업 발전 시기의 철강, 조선, 전자, 반도체까지 헤아릴 수 없이 많다. 특히 변변한 자원이 없는 우리나라가 경제대국이 되기 위해서는 첨단전자제품을 만들어야 한다는 생각에서 반도체에 도전한 것은 탁월한 선택이었다.

반도체는 '산업의 쌀'이라고 불릴 정도로 전자산업에서 없어서는 안 될 필수품이다. 스마트폰이나 노트북, 컴퓨터, 디지털TV, 자가용 등 반도체가 들어가지 않는 곳이 없다. 한 치의 오차도 불허하는 정교함을 요구하는 반도체는 머리카락 굵기의 몇 천분의 1 정도 크기에 미세한 기술을 적용하기 때문이다. 바로 이 분야에서 한국인은 섬세한 손재주를 능수능란하게 발휘해 최소 크기, 최대 용량의 반도체를 만드는 데 절대적으로 유리한 고지를 점할 수 있었다.

송병락 교수는 『싸우고 지는 사람 싸우지 않고 이기는 사람』에서 우리나라 사람이 반도체산업에서 강할 수밖에 없는 이유를 세계적인 반도체 전문가의 말을 빌어 '공동체주의 정신'과 '솜씨'로 정리했다. 그러면서 세계 인종 가운데서 쇠젓가락을 사용하는 사람은 한국인뿐이라면서 솜씨의 비결로 젓가락질을 꼽았다. 젓가락질은 섬세한 손놀림에 큰 영향을 미친다는 것이 학계의 공통적인 의견이기도 하다.

서울대 의대 교수이사 한국인시과학회 회장인 서유헌은 의학적으로도 젓가락질이 한국인이 섬세한 손놀림을 갖게 하는 데 큰 역할을 하고 있으며 젓가락질처럼 손을 많이 쓰는 것은 뇌의 발달에 도움이 된다고 했다.

세계적으로 보면, 젓가락을 사용하는 나라가 그렇게 많지는 않다. 동남아시아, 중근동 The Middle And Near East, 아프리카 등에서는 손으로 음식을 먹는 사람의 비율이 약 44%로 가장 많다. 유럽과 미국, 러시아 등에서는 나이프와 포크를 사용하는 사람이 약 28%다. 우리나라, 일본, 중국, 베트남, 타이, 싱가포르 등에서는 젓가락을 사용하는데 그

비율이 약 28%다. 나이프와 포크를 사용하는 미국인과 유럽인은 한국인이 쇠젓가락을 사용하면서 얻은 손재주에 감탄한다. 초정밀을 요구하는 섬세한 첨단산업에서는 한국인이 유리할 수 있다.

중국과 일본에서 사용하는 젓가락은 한국 젓가락과는 다르다. 일본 나무젓가락은 대개 네모 형태이고 둥근 형태도 있다. 중국 나무젓가락은 멀리 있는 음식을 집기 편하도록 길게 만들었다. 한국 젓가락의 길이는 일본과 중국 젓가락의 중간 정도이다.

여기서 주목해야 할 점은 중국·일본 젓가락과 달리 한국 젓가락은 쇠로 만들었다는 점이다. 보통 젓가락질을 하는 데 60여 개의 근육과 30여 개의 관절을 사용한다. 젓가락질을 어릴 때부터 해오지 않은 외국인은 손과 팔이 뻐근해져서 젓가락질이 쉽지 않다. 그런데 우리나라의 경우 무거운 쇠로 만든 젓가락을 사용해야 하기 때문에 집중력과 힘 있는 동작이 더욱 필요하다. 이렇게 해서 쇠젓가락질은 한국인이 뛰어난 손재주를 기르도록 도와준다.

이뿐만이 아니다. 쇠젓가락질은 어린 아이들의 두뇌개발을 돕고 뇌의 두정엽을 자극해 뇌의 노화와 치매 예방에도 도움이 된다. 2005년, EBS에서 방영한 다큐멘터리 〈교육이 미래다-두뇌전쟁의 비밀, 손〉 편에서도 젓가락질을 통해 두뇌개발을 할 수 있다고 밝혔다. 방송에서 초등학교 1학년 네 명을 대상으로 뇌파실험을 했다. 나무젓가락, 포크, 쇠젓가락을 사용해 한쪽에 놓인 강낭콩을 다른 접시로 옮길 때의 뇌파 변화를 비교한 것이다. 그 결과, 쇠젓가락을 사용할 때 집중력이 가장 높은 것으로 나타났다. 또한 기억력과 정서를 담당하는 측두엽의 활성화가 다른 도구를 사용할 때와 비교해

30~50% 더 높게 나타났다.

2000년 하계올림픽 개최지 호주에서는 젓가락 문화 붐이 일었다. 젓가락 사용이 상류층의 상징으로 여겨질 정도였고 젓가락 사용법을 담은 책자도 나왔다. 이와 함께 호주인들은 한국인이 전자제품을 잘 만드는 솜씨가 젓가락질을 하는 데서 왔다고 보았다. 분명, 젓가락 문화는 21세기의 첨단산업을 이끄는 한국인의 '오래된 미래'임에 틀림없다.

빠른 시간에 국내 조선산업이 고속 성장할 수 있었던 비결은 앞서 이야기한 것처럼 정부의 적극적인 지원 및 기업가의 리더십, 풍부한 노동력 등이 중요한 역할을 했다. 이와 더불어 빠질 수 없는 것이 바로 우리나라 기술자들의 뛰어난 손재주이다.

용접IT를 연구하는 조상명 부경대 교수는 국내 조선이 세계 최고가 될 수 있었던 이유 중 하나로 우리나라 용접사들의 뛰어난 손재주를 들었다. 사람이 하는 용접에 관한 한, 타의 추종을 불허할 정도로 국내 용접사들의 기술력은 뛰어났다. 비교적 단시간에 국내 조선업이 세계 최고의 반열에 올라서게 된 것에서 그 능력을 충분히 알 수 있다.

우리나라가 용접에서 뛰어난 감각을 뽐내는 이유는 우리 문화의 배경에서 찾을 수 있다. 사람을 비롯한 모든 생명체는 자신 주위에 형성된 자연환경에 맞춰 살아간다. 그리고 오랜 시간이 지나면 자연환경에 맞춰 살아가던 삶이 문화라는 이름으로 형성되어 한 집단을 특징짓는다. 이후 이렇게 형성된 문화가 가시화된 것이 바로 각 구성원에 나타나는 공통적인 체질이다.

조상명 교수에 따르면, 우리나라 사람이 쇠젓가락을 어려서부터 능수능란하게 사용했던 게 용접봉 활용 시 큰 이점으로 작용했다. 용접봉이 쇠젓가락과 유사하기 때문에 우리나라 용접기술이 세계 최고가 될 수 있었다.

국내 조선산업은 세계 1위를 지키며 조선산업을 이끌어 왔다. 잠깐의 위기도 있었다. 2009년 세계 금융위기 때 중국에 1위 자리를 내주었다가 현재 다시 1위를 되찾았다. 중국의 도전이 맹렬하다. 하지만 우리 조선산업에는 오랜 기간 축적한 기술과 함께 현장 근로자들의 손재주가 있다. 앞으로도 한국인만의 천의무봉 손재주가 세계 조선산업 1위 자리를 굳건히 지켜 주는 힘이 될 것이다.

클래식 연주와
의술 강국의 비밀

앞으로도 한국인의 손재주가 두각을 나타낼 분야는 무궁무진하다. 문화예술과 의술은 물론 첨단과학 분야에서 한국인의 손재주를 필요로 하는 곳이 계속 생겨날 것이다.

2012년 11월 1일 서울의 한국예술종합학교 크누아홀에서는 벨기에 출신의 티에리 로로Thierry Loreau 감독이 만든 다큐멘터리를 상영했다. 제목은 '한국 클래식의 수수께끼'였다.

로로 감독은 세계 3대 음악 콩쿠르 중 하나인 '퀸 엘리자베스 콩쿠르'를 20여 년간 촬영해 오던 중 최근 한국인 참가자들이 보여 준 압도적인 성과에 놀랐고 비결이 궁금해 이 다큐멘터리를 제작했다. 그에 따르면 최근 3년간 이 콩쿠르 참가자의 25%가 한국인이었다. 특히 2011년에는 예선참가자의 30%가 한국인이었는데, 결선 진출자 12명 가운데 5명이 한국인이었다.

그렇다면 순수한 국내파로 세계를 재패한 대표적인 연주가로 누가 있을까? 바이올리니스트 신현수를 들 수 있다. 신현수는 해외유학을 전혀 하지 않았음에도 세계 무대에서 유감없이 실력을 발휘했다. 이탈리아 파가니니 콩쿠르 3위(2004년)를 시작으로 핀란드 시벨리우스 콩쿠르 3위(2005년), 독일 하노버 콩쿠르 2위(2006년), 프랑스 롱티보 국제 콩쿠르 1위(2008년)에 올랐다. 2012년에는 '퀸 엘리자베스' 국제 콩쿠르 3위를 차지했다.

신현수 외에도 세계적인 콩쿠르에 입상한 한국인이 많다. 이제는 한국인이 외국 어느 나라에서 배울 단계를 넘어서 한국인 자체가 전 세계 클래식 연주의 롤 모델이 되었다 해도 과언이 아니다.

•• 주요 국제 콩쿠르 수상자 ••

퀸 엘리자베스 콩쿠르		
1976년	강동석	바이올린 3위
1985년	배익환	바이올린 2위
1991년	백혜선	피아노 4위
2003년	임동혁	피아노 3위
2009년	김수연	바이올린 4위
2012년	신현수	바이올린 3위
	에스더 유	바이올린 4위
차이콥스키 콩쿠르		
1974년	정명훈	피아노 2위
1994년	백혜선	피아노 3위
	제니퍼 고	바이올린 2위
2007년	임동혁	피아노 4위
2011년	손열음	피아노 2위
	조성진	피아노 3위
	이지혜	바이올린 3위
쇼팽 피아노 콩쿠르		
2005년	임동혁·동민 형제	공동 3위

출처: 매일경제, 2012.7.20.

그렇다면 우리나라 사람이 클래식 연주에 두각을 나타내는 특별한 이유는 무엇일까? 피아니스트이자 한국예술종합학교 교수인 김대진은 한국인이 어릴 때부터 젓가락을 사용해서 손재주가 뛰어나며 선천적인 음악성을 갖고 있다고 분석했다.

한국인의 손재주가 빛을 발하는 분야로 의술도 빼놓을 수 없다. 2008년 12월 미국 ABC방송 뉴스는 서울아산병원 장기이식센터를 높이 평가하면서 "한국 드림팀은 세계 최고의 간 이식팀"이라고 칭송했다. 대한이식학회 조원현 이사장도 한국 의사의 타고난 손재주, 학구열, 집중력이 우리나라 의술을 단기간에 선진국 반열에 올렸다고 말했다.

2011년 1월 4일 미국 애리조나 총기사고로 피격된 지포드^{Gabrielle Giffords} 하원의원은 한국계 피터 리^{Peter Rhee} 박사에게 뇌수술을 받았다. 당시, 지포드 의원이 입원한 병원 원장은 피터 리 박사가 의술도 상당한 실력이지만 손가락 놀림이 어떤 민족도 따를 수 없기에 그에게 집도를 의뢰했다고 했다. 한국인들의 젓가락 문화가 중요한 수술, 특히 뇌신경 부문 수술에서 가장 민감하고 예리한 부분까지 다룰 수 있도록 돕기 때문이었다.

이처럼 뛰어난 손재주를 물려준 우리 조상은 이미 여러 분야에서 세계적인 성과를 냈다. 그 가운데 첫 번째로 꼽을 수 있는 게 『팔만대장경』이다. 세계적 문화유산인 『팔만대장경』은 800년 전에 오로지 사람의 손으로만 만들었다. 『팔만대장경』은 그 수가 8만 1,258장이며, 글자 수가 5233만 152자이다. 그런데 경판의 서체가 마치 한 사람이 쓴 듯이 일정할 뿐만 아니라 놀랍게도 오탈자가 하나도 없다. 요즘 기술로 『팔만대장경』을 만든다 해도 그만한 정확성을 유지하기는 힘들 것이다. 현대의 불량률 제로 운동인 '6시그마(σ)'가 100만 개 중 3.4개의 불량률을 추구한다는 점을 생각해 볼 때, 『팔만대장경』 판각술의 정교함은 가히 신의 경지라 할 만하다. 그래서 조선의 명필 한석봉이 "육필肉筆이 아니라 신필神筆이다"라고 칭송할 정도였다.

또 1377년에 만든 세계 최초의 금속활자본인 『직지심경』을 들 수 있다. 『직지심경』을 인쇄한 금속활자에는 고려인의 청동주조기술이 잘 반영되어 있다. 세계에 자랑할 만한 우리의 예술품, 고려청자도 빼놓을 수 없다. 무엇보다 고려청자에 흐르는 파르스름한 비취색은 아무도 흉내 내지 못하는 독창적인 것이다. 도자기 겉면을 파낸 후 그 속에 백토나 흑토로 메우는 섬세한 상감기법 또한 놀랍다. 고려청자는 송나라의 영향을 받아서 출발했지만 훗날 송나라의 자기보다 더 뛰어난 멋을 자랑했다. 지금도 세계 여러 나라의 자기 가운데 가장 아름답고 실용적인 그릇으로 꼽히는 것이 바로 고려청자이다.

고려는 높은 수준의 기술과 미학을 갖고 있던 나라였다. 그 기술은 조선으로 전승되었고 지금까지 이어져 왔다. 우리나라 회사들이 서양 기술을 발전시켜 세계 최고의 제품을 만들어내는 것은 이러한 역사적 배경을 통해서도 설명된다.

앞으로도 한국인의 손재주가 두각을 나타낼 분야는 무궁무진하다. 문화예술과 의술은 물론 첨단과학 분야에서 한국인의 손재주를 필요로 하는 곳이 계속 생겨날 것이다. 젓가락 문화는 범람하는 서양 문화 속에서도 자라나는 세대가 꼭 지켜 나가야 할 소중한 전통문화이다.

4. 대외지향성

한국인의 대외지향성은 유목민의 DNA에서 나온 듯하다. 말을 타고 달리며 미지의 세계를 개척하는 유목민에게 두려움이 앞섰다면 그들은 더 이상 커다란 세상으로 나가지 못했을 것이다.

미지의 세계를 개척하는
유목민의 DNA

 대외지향성이야말로 대한민국을 세계에 알리고, 수출을 비약적으로 끌어올려 한국경제 성장을 뒷받침한 우리의 저력이다.

최근 일본의 대기업 인사담당 임원들이 일본의 미래를 어둡게 보는 큰 요인 중 하나가 청년들의 태도라고 한다. 일본 청년들은 어려운 취업난 속에서도, 해외에 나가서 일해야 한다고 하면 얼굴이 어두워진다고 한다. 반대로 우리 청년들은 보수가 다소 낮더라도 해외에 나가는 것을 더 선호한다. 일본인이 익숙한 자국에서 편안하게 살기를 원하는 반면, 한국인은 미지에 대한 모험심을 추구하는 경향이 있다.

이런 한국인의 특성을 잘 보여 주는 것이 '국제인구이동' 통계치이다. 국적을 변경한 이민자와 장기체류자를 합한 수를 기준으로 인구의 국제이동을 보면 1999년에서 2010년까지 11년간 우리나라의 국제인구이동은 17만 명이다. 이는 독일 52만 3,000명, 일본 24만 1,000명, 영국 18만 3,000명에 이어 네 번째로 높은 수치이다. 이를

2010년 인구로 나누어 인구대비 국제인구이동 비율을 보면 우리나라는 0.35%로 독일에 이어 2위 국가이다. 벨기에의 인구이동 비율도 우리와 비슷한 0.35%이지만 인구는 1,075만 명에 불과하다.5) 우리나라의 역동성은 이러한 대외지향성에서 나온다.

우리나라는 인구에 비례했을 때 세계 최다로 선교사를 배출하는 국가이기도 하다. 아프리카 식인족이 산다는 오지에도 한국인 선교사가 있을 정도이다. 예를 들자면, 아프리카 케냐 북부의 오지 투르카나는 섭씨 45도를 넘나드는 무더운 날씨와 기근이 이어지는 메마르고 황폐한 땅이다. 우물은 마을에서 4km도 넘게 떨어져 있다. 국경을 마주한 에티오피아와 유혈 사태도 끊이지 않는다. 마을마다 에이즈 환자와 굶주린 사람들이 넘쳐난다. 이곳에 28년 동안 배고픈 이들에게 먹을 것을 나눠 주고 버려진 고아들을 돌본 여인이 있다. '투르카나 고아들의 어머니'라고 부르는 임연심 선교사이다. 그는 평생 독신으로 살면서 지역 아이들을 보살피고 가르치다 풍토병으로 생을 마쳤다. 우리의 심금을 울린 〈울지마 톤즈〉로 유명한 이태석 신부도 마찬가지이다. 이런 사례는 셀 수 없이 많다.

우리나라의 해외 선교사 수는 2012년 현재 2만 4,742명으로, 숫자로만 본다면 미국 다음으로 많고6) 인구에 비례하면 세계 1위다. 선교사들은 세계 169개국에 파송 나가 있어 지구상에 존재하는 거의 모든 나라에 가 있다고 해도 과언이 아니다.

---

5) OECD, Key Statistics on Migration in OECD countries(2012)
6) KWMA(한국세계선교협의회) 연구개발실의 2012년 12월말 통계 조사 결과로 이 조사는 KWMA 회원 교단과 선교단체를 포함하고, 비회원까지 가급적 폭넓게 협력을 구해 응답한 단체를 중심으로 합산한 결과다.

이런 점은 종교를 떠나서 다른 나라 사람과는 다른 우리 특유의 독특함에서 비롯한 것으로 볼 수 있다. 아마도 한국인의 대외지향성은 유목민의 DNA에서 나온 듯하다. 말을 타고 달리며 미지의 세계를 개척하는 유목민에게 두려움이 앞섰다면 그들은 더 이상 커다란 세상으로 나가지 못했을 것이다.

2010년을 기준으로 우리나라 해외유학생 수는 중국, 인도에 이어 세계 3위이다. 인구대비 유학생 비율은 0.28%로 세계 최고이다. 대학생은 물론 초등학생도 해외유학을 떠나는 경우가 드물지 않다.

외국인들은 이런 한국인들을 이해하기 어려워한다. 아이들을 유학 보내기 위해 '기러기 아빠'도 마다않는 교육열도 특이하지만, 해외로 내보내 공부시키는 것을 주저하지 않는 대외지향성도 놀라워한다.

그러나 바로 이런 대외지향성이야말로 해외에 나가 대한민국을 알리고 수출을 해 성장해 온 우리의 저력이다.

에필로그

오케스트라 연주처럼
함께 만든 성장신화

　한국경제의 성장엔진이 된 근면한 노동력, 재빠른 자본 축적, 악착같은 근성으로 이룬 기술진보와 적절한 자원배분, 탁월한 전략과 리더십, 그리고 이 모두를 빛나게 한 한국인 특유의 문화와 기질….
　개발도상국들 중에서 어느 나라인들 한국처럼 잘살고 싶지 않았겠는가? 유태인들은 우리나라 사람보다 근면하고 머리가 좋다고 정평이 나 있고 교육열도 뛰어나다. 우리나라보다 천연자원이나 물적자원이 풍부한 나라는 더 많다. 애국심이 충만한 리더들도 어느 나라나 다 있다. 우리나라는 성장과정에서 남미나 동남아시아의 개도국보다는 관료들이 덜 부패하였다고 하나 아주 깨끗했다고 말하기도 어렵다. 하지만 우리는 하나하나에 최선을 다했고 이 모든 것들이 합해, 마치 오케스트라 연주와도 같은 아름다운 기적을 만들어냈다.
　사실 대한민국의 성장신화가 어떻게 이루어졌는가에 초점을 맞추다 보니 경제 성장 과정에서 벌어진 많은 희생과 고통은 크게 부각시키지 않았다. 어떤 경로를 거치든 발전해 나가는 과정에서 겪을 수밖에 없었던 성장통에 지나치게 비관적 태도를 보이는 것은 적절치 않다고 생각했기 때문이다. 또 성장과정 자체가 부작용을 치유해 가는 과정이었다고 여겼다.

우리나라는 성장과정 동안 거의 10년마다 한 번 꼴로 경제위기라는 성장통을 겪었고 그때마다 위기의 내용과 성격에 맞추어 지혜롭게 잘 극복해 왔다. 이렇게 성장해 오는 과정에서 무엇이 오늘의 한국경제를 만든 핵심 성장동력이었는가를 들여다보고자 한 게 이 책의 기획의도였다.

문제는 '지금까지 어떻게 해 왔는가'보다는 '앞으로 우리 경제를 어떻게 끌고 나갈 것인가' 하는 점이다. 특히 지난 2012년은 세계적으로 우리나라를 비롯한 주요 40여 개국에서 70여 개의 선거가 이루어지면서 정치·경제적 불확실성이 유난히 높았던 해였다. 정치적 불투명성을 반영하듯 연초에 전망했던 경제 성장률은 줄줄이 하향조정될 수밖에 없었다. 이처럼 침체된 세계경제와 글로벌 경제위기의 협공 속에서 한국경제는 잘 버텨 오긴 했지만 만족할 만한 수준은 아니다.

나는 2012년 말 이란의 수도 테헤란에서 열린 국제 컨퍼런스에 초청을 받았다. 외국학자들이 우리 자신보다 한국경제를 더 높이 평가하고 한국경제의 성공요인에 관심이 많음을 알 수 있었다. 핵개발 의혹으로 강력한 금융무역제제를 받고 있는 이란 학자들이 한국경제에 대해 갖는 관심은 매우 뜨거웠다. 다양한 질문이 있었지만, 그중에서도 한국경제의 성공요인에 대해 배우고자 하는 그들의 열망을 느낄 수 있었다.

'이란' 하면 생각나는 것은 종교와 역사, 핵개발 문제 등도 있지만 북적대는 서울의 '테헤란로'가 무엇보다 떠오른다. 왕복 10차선이나 되는 간선도로, 테헤란로에는 유명한 글로벌 기업과 국내 대기업의 빌딩들이 즐비하게 늘어서 있다. 우리나라가 한창 중동 진출로 달러를 벌어들이던 1977년, 테헤란 시장이 서울을 방문해 서울시와 테헤란 시가 자매결연을 맺은 것을 기념하기 위해 명명한 거리가 테헤란로이다. 당시 우리 경제는 이란의 발전상을 부러워하며 오일달러로 먹고살던 시기였다. 아마 서울시장은 테헤란 시처럼 서울시도 발전하기를 바라며 이름을 지었을 것이다.

이란 테헤란에 있는 '서울로'는 6차선 큰길로, 35년이 지난 지금이나 그때나 큰 변화가 없다. 서울로 양옆에는 복층 주거단지와 소규모 오피스들이 듬성듬성 서 있다. 테헤란에서 만난 이란 사람들은 대한민국의 발전을 부러워하며 서울 특히 강남에 가 보고 싶다고 했다.

무엇이 대한민국과 이란을 불과 35년 만에 이렇듯 다른 처지에 놓이게 만들었을까? 정치체제, 핵개발 등 다양한 원인을 댈 수 있겠지만, 무엇보다 주요한 원인은 국민들의 '잘살아 보겠다'라는 열망과 각오의 차이였다고 생각한다. 1990년대 중반 이후 대한민국의 제조업체들은 국제무대에서 서구 대형 브랜드들의 아성에 용감하게 도전하고 신흥국을 끈질기게 공략, '아시아의 독일'이라고 평가받을 정도로 뛰었다. '하면 된다'라는 신념과 용기를 가지고 세계 제조업의 한계를 허물어 나갔다.

지금의 이란경제를 바라보며 반면교사로 삼아야 할 것은 무엇일까? 답은 바로 '저성장의 고착화'를 막는 것이다. 최근 우리의 실질경제 성장률을 줄줄이 대지 않아도 대한민국의 성장엔진은 급격히 둔화되고 있다. 정치인이나 정책당국자의 관심도 성장률을 제고하는 데서 멀어져 있는 듯하다. 새 대통령의 공약 어디에도 성장률에 대한 언급은 없다. 지키지 못할 숫자 대신 고용창출에 힘쓰겠다는 것은 맞는 방향이지만, 구체적인 성장전략은 있어야 한다. 역대 어느 정권도 일자리창출정책이 최우선이 아닌 적이 없었지만 왜 성공하지 못했는가를 성장엔진과 연관시켜 분석해야 답이 나올 수 있다.

아직 더 성장해야 할 대한민국이 저성장의 늪에 발을 디딘 이유는 기업이 사회적 책임에 취약하고, 노동조합은 단기적 이익에 집착하고 있으며, 갈등을 조정해야 할 정치제도가 제 역할을 못했기 때문이라고 본다. 정부의 예산 투입을 통해 만들어낸 제한적 일자리 사업은 근본적 문제 해결책이 아니다. 일자리 문제는 경제 전체의 구조적 시각에서 접근해야 한다.

세계화 3.0시대의 성장엔진

우리나라는 삼면이 바다인 반도국가다. 역사적, 기질적 이유뿐만이 아니라 지리적으로도 대외개방을 해야 살아남는 나라다. 외부와 소통해야 하는 우리나라에 주어진 조건과 환경을 '세계화'라는 프리즘을 통해 살펴보자.

과거 서구 열강들에 의한 식민지 건설로 진행된 세계화 1.0시대에 우리는 잘못된 쇄국정책을 추진하다 미처 준비하지 못한 상황에서

굴욕적인 식민지 시절을 겪었다. 그러나 산업화 이후 거대 다국적 기업이 주도하는 '세계화 2.0'시대에는 적극적이고 능동적으로 대외 환경에 대처해 나가며 성장신화를 만들어냈다. 외부환경도 나쁘지 않았다. 경제개발계획을 세워 수출로 먹고살고자 할 때인 1960년대는 인류역사상 유례 없는 물질적 번영을 구가한 시대였다. 1960년대에서 1970년대를 거치면서 세계 무역규모는 두 배 이상 팽창했다. 그만큼 수출진흥정책을 쓴 한국경제에 유리한 시기였다. 1970년대에 두 차례의 석유위기가 있었지만 석유로 자본을 거머쥔 중동에 진출해 외화를 벌어들였다. 그동안 축적한 생산능력을 바탕으로 1980년대에는 저유가, 저금리, 저환율이라는 '3저 호황'의 혜택을 누릴 수 있었다. 환경도 좋았지만 적절한 시기에 외부환경을 적극적으로 활용한 것이 주효했다.

이제 시공간의 제약 없이 개인화·다원화한 주체가 진행하는, 인터넷을 통한 글로벌화라는 '세계화 3.0'시대가 진행되고 있다. 성공신화를 쓰던 세계화 2.0시대와는 많이 다르다. 삼성, LG 등 국내 기업들이 글로벌 기업으로 도약하는 데는 성공했다고 평가받지만, 세계화 3.0시대에 글로벌의 흐름을 제대로 인식해서 주도하고 있다고 말하기에는 아직 부족한 점이 많다.

그런 의미에서 얼마 전 강성욱 GE코리아 사장이 신문에 기고한 "싸이월드Cyworld가 페이스북Facebook을 대신할 기회를 놓친 것이 크게 아쉽다"라는 논지의 글이 강하게 와 닿는다. 그의 주장처럼 이는 허황된 생각이 아니다. 세계 흐름을 정확히 읽어 그에 걸맞은 리더십을 가지고 한발 앞서 고민했더라면 충분히 현실화했을 수 있는 이야기다. 싸이월드가 수준이 더 높은 통신기술과 인프라를 가지고 있었음에도 불구하고 시장개발 측면에서는 국지적인 관점에 머물러 페이스북처럼 성장할 기회를 놓쳤을 뿐이다.

최근 삼성과 애플의 소송을 바라보는 언론과 국내 기업의 관점에 대한 강 사장의 지적은 더욱 일리가 있다. 삼성과 애플의 소송 싸움을 디자인 특허를 둘러싼 다툼으로 보는 것은 1차원적인 시각이다. 애플은 아이튠즈iTunes와 앱스토어App Store를 통해 '세계화 3.0시대'에 맞는 방식으로 구축한 자신들의 생태계를 지키려는 측면이 더 크다. 삼성과 애플 소송의 본질을 다차원적 시각에서 꿰뚫어볼 수 있어야 한다.

지금 우리는 세계화 2.0시대에 성공신화를 만들어냈던 성장엔진을 업그레이드하여 세계화 3.0시대에도 가동시켜야 할 것이다. '쌀 생산할 농지도 부족한데, 우량농지 위에 부유층이 놀러 다니기 좋은 고속도로는 왜 만드느냐'라고 모두가 반대할 때 박정희 대통령이 다차원적 시각을 갖고 고속도로 건설을 강행했듯이, 우리에게는 다차원적 사고의 리더십이 더 절실하다. 또한 대한민국과 같은 나라에서는 절대 안 된다고 모두가 고개를 흔들 때 전후방 효과가 큰 자동차산업과 조선업을 택해 성장동력으로 키워냈던 이병철과 정주영식의 '변화추구형 리더십'도 같은 맥락에서 이어져야 한다.

한계에 대한 성찰

세계화 3.0시대에는 세계화 2.0시대처럼 환경이 우리에게 유리하게 작용하는 것은 아니지만 우리가 무엇을 극복해야 하는지, 또 우리 한계는 무엇인지 잘 알고 있다.

과거와 같은 경영 형태를 되풀이한다고, 또는 재벌이 축적한 부를 사회와 나누지 않는다고 미워하면서도 내 자식만은 중소기업이나 벤처기업이 아니라 대기업에서 일하기를 원하는 국민 정서를 우리는 아직도 극복하지 못하고 있다. 또 지금 복지에 세금을 쏟으면 우리 자식세대가 괴로울 걸 알면서도 지금 당장 복지 예산을 늘려야 한다고 주장한다. 한창 꿈을 키워야 할 젊은 나이에 고시원에 틀어박혀 보통 창의력을 망각한 채 죽도록 암기해야 붙는다는 각종 고시 패스가 청년의 희망이 되고 있다. 안정적인 부에 대한 사회적인 열망은 고시원에서 칠전팔기七顚八起하는 젊은이를 더욱 부추기고 있다.

중소기업이 겪는 인재난은 대기업의 횡포 때문이 아니라 중소기업 자체가 젊은이들로 하여금 희망을 걸 수 없게 하는 데서 기인한다. 지난 20~30년간 정부가 중소기업에 대한 지원을 적게 해서 성과를 거두지 못했던 것도 아니다.

이런 우리 경제의 문제들은 모두 심각하고 하나하나 붙잡아 푼다고 풀 수 있지도 않다. 대부분이 구조적으로 연관되어 있어서 한꺼번에 풀어야 하기 때문에 종합적인 해결책이 쉽지 않다.

서비스업, 한국경제의 숙제

어느 시대나 경제의 문제점과 한계를 열거하기는 쉽다. 우리 국민은 해방 직후 폐허에서 뭘 할 수 있겠냐고 절망했다. 그래도 우리는 만들어내지 않았는가?

마찬가지로 벌써 10년째 벽에 부딪혀 헤매고 있는 한국경제의 커다란 숙제 중 하나인 서비스업 문제도 그렇다. 우리나라 서비스업의 고용비중은 1963년 25.8%에서 시작해 지금은 70%에 이르렀다. 반면에 제조업 고용비중은 7.9% 수준에서 시작, 산업화가 끝나는 1989년 28%에 달한 후 최근 들어 16%대까지 감소했다. 우리나라의 서비스업 고용비중은 선진국과 비교해 높지도 않지만 크게 낮은 수준도 아니다.

최근 '고용 없는 성장'이 지속되면서 사회적 화두인 일자리 문제를 내수 중심의 서비스업 발전에서 해결의 실마리를 찾자는 논의가 많다. 방향에는 다 공감한다. 문제는 어떻게 서비스업에서 일자리를 늘릴 것인가이다.

1960년대에는 풍부한 저숙련 노동력을 바탕으로 노동집약산업이 발전했으며, 1970년대 이후에는 중화학공업이 발전하면서 숙련노동력에 대한 수요가 늘었다. 1980년대 말 이후 정보통신업 등 고부가가치산업이 발전하면서 더욱 더 숙련된 노동수요가 늘어났다. 이 과정에서 교육수준이나 경험 등의 개인 격차에 따라 같은 근로자들 간에도 임금격차가 확대되면서 분배문제가 악화되기 시작했다. 특히 1990년대 들어 값싼 중국 제품이 밀려오면서 저부가가치 제조업 위주의 노동집약산업은 급속히 붕괴했고 이때 퇴출된 노동력이 생계형 서비스업의 저임금 일자리로 흡수되면서 장기빈곤층을 형성했다.

최단기간에 산업화를 완성한 우리나라는 선진국처럼 산업화 과정에서 생활수준이 향상되어 자연스럽게 서비스업에 대한 수요가 늘어났지만, 서비스업종이 경쟁력을 키우면서 생산성에 걸맞게 종사자들의 임금을 올려 가는 단계는 충분히 거치지 못했다.

그래서 서비스산업을 키우기 위한 정부의 정책적 노력에도 불구하고 산업발전 단계별로 도태된 취업자의 대부분을 흡수한 서비스업의 생산성은 정체될 수밖에 없었다. 성장엔진의 하나인 적절한 자원재분배가 잘 이루어지지 않은 것이다.

참여정부는 '서비스산업 경쟁력 강화정책'을, 이명박정부는 '서비스산업 선진화정책'을 꾸준히 추진했지만 선심성 행정위주의 정책에서 벗어나기 어려웠다.

이제 서비스업의 경제영토를 좁은 한반도에 국한하지 말고 활짝 넓혀야 한다. 우리 민족의 핏속에 면면히 흐르는 대외지향성이라는 성장호르몬에서 그 답을 찾아볼 것을 권한다. 한때 우리가 수입대체가 아닌 수출진흥으로 방향을 바꾸어 성공을 거두었듯이 서비스업도 경제영토를 활짝 열어야 답이 나올 것이다.

선도적 전략으로 정책 프레임을 바꿔야

대한민국의 성장엔진을 힘차게 가동시켜야 한국경제가 가지고 있는 많은 문제들이 서서히 풀려나갈 것이다. 1997년 외환위기 이후 성장엔진이 식고 있는 원인에 대해 우리 모두의 치열한 고민과 성찰이 필요하다.

2008년 글로벌 금융위기 이후 세계적으로 성장동력의 선점경쟁이 더욱 치열하게 전개되고 있다. 우리나라는 기존 주력산업들이 성장의 임계치에 도달한 경우가 많아 성장과 고용창출에 장해가 있다. 그동안 추격형$^{Catch-Up}$ 전략을 사용했다면 이후 산업 간 융합, 녹색산업 등 선도적$^{Trend-Setter}$ 전략으로의 새로운 전환이 절실하다.

그렇다면 대한민국은 어떤 성장동력을 만들어 선도적으로 끌어 나가야 할 것인가? 이미 중국은 비야디^{BYD}가 리튬이온 분야 세계 2위, 화웨이^{Huawei}가 통신장비 분야 세계 3위, 잉리솔라$^{Yingli\ Solar}$가 태양전지 분야 세계 5위 등 신성장 분야의 글로벌 기업들이 출연하여 향후 세계시장에서 경쟁이 만만치 않을 것임을 예고하고 있다.

정부가 나서서 특정 산업을 육성하는 식의 산업정책에 대해 회의적인 시각이 있는 것도 사실이지만, 정부의 역할이 큰 아시아 국가뿐만 아니라 미국과 유럽 국가들도 정부 주도의 신성장산업정책을 경쟁적으로 추진하고 있는 것 또한 사실이다.

과거에 우리 내부에서도 시도했던 것처럼 신성장동력 분야를 구축하는 데 있어서 자원을 어떻게 효율적이면서도 집중적으로 투입할 것인가에 대한 논의를 진행하고 있다.

김대중정부 시절에는 IT, BT, NT, ET, CT[7] 등 5T 기술개발사업을 추진했으며, 노무현정부 시절에도 차세대 성장동력사업을 선정해서 디지털텔레비전 방송, 디스플레이, 지능형 로봇, 미래형 자동차, 차세대 반도체, 차세대 이동통신, 지능형 홈네트워크, 디지털 콘텐츠·SW, 차세대 전지, 바이오 신약·장기 등 10대 분야에서 기술뿐 아니라 제품을 육성하는 정책으로 확대했다.

이명박정부는 녹색기술산업, 첨단융합산업, 고부가서비스산업 등 3대 산업의 17개 분야를 선정해서 5년간 24조 5,000억 원을 R&D 등

---

[7] IT(Information Technology, 정보통신기술) BT(Bio Technology, 생명공학기술), NT(Nano Technology, 나노기술), ET(Environment Technology, 환경기술), CT(Culture Technology, 문화기술)

에 투자하고 인재 양성, 중소기업 지원, 민간투자 활성화를 위한 펀드 조성과 장비 국산화를 위해 노력했다. 이러한 노력의 결과, 글로벌 금융위기의 여파 속에서도 이 분야의 시장이 가시화되고 당초 기대보다 많은 투자가 일어나고 있다. 예를 들어 발광다이오드^{LED}, 2차전지, 원전 등은 분야별로 정부와 민간기업의 역량이 합쳐져 수출이 늘고 시장점유율도 확대되고 있다. LED 텔레비전은 세계시장의 80% 이상을 점유하고 있고 세계 2위의 LED 소자 생산국으로 컸다. 그러나 대기업의 약진에 비해 중소기업 신성장동력 분야 매출은 2009년 2조 3,145억 원에서 2010년 4조 1,481억 원으로 크게 증가하긴 했지만 절대적인 규모에서는 여전히 크지 않은 편이다.

정부와 민간을 합친 총 R&D 투자규모가 2011년 기준 49조 9,000억 원으로 세계 6위이며 특허출원건수도 세계 4위로 외형적으로는 매우 높은 수준이다. 하지만 이런 R&D 성과를 사업화로 연결시키는 능력은 아직 부족한 실정이다. 또한 R&D 설비투자액의 94%가 대기업에 의한 것이며 분야별로 보아도 신재생에너지, IT융합, 방송통신 융합이 차지하는 비중이 70%에 달하여 좀 더 다양한 접근이 필요하다.

특히 시장 실패가 명백히 예상되는 기초 및 원천기술 분야에 대한 투자와 인력양성 등을 정부가 맡아서 일종의 시장조성자$^{Market\ Facilitator}$로서의 역할을 할 필요가 있다. 또한 과거 대기업 위주의 정책에서 이제는 중소·중견기업을 중심으로 하는 새로운 정책 프레임을 모색해 나가는 것도 필요하다.

금융산업을 키워야

우리나라는 '선택과 집중' 전략을 취하면서 인적·물적 자원뿐 아니라 자금도 몰아주었다. 이 과정에서 금융은 "실물경제의 시녀"라는 비아냥이 나올 정도로 그 역할이 매우 수동적이었다.

선진국 금융은 1970년대 이후 탈규제시대로 접어들면서 발전을 거듭하다 지나친 탐욕으로 2008년 글로벌 금융위기가 터졌고, 급기야는 규제의 된서리를 맞았다. 하지만 우리 금융은 제대로 꽃도 한 번 피워보지 못했다. 외환보유고가 3,000억 달러를 넘었고 세계에서 아홉 번째로 무역 1조 달러를 이루었으며 세계 10위권의 경제규모를 바라볼 수 있을 정도로 성장했지만 우리 금융산업의 모습은 여전히 초라하다. 금융업 내에서 그나마 잘나간다는 은행권이 세계 70위 수준에 불과하다.

커져 가는 금융리스크와 도덕적 해이를 막는 방향으로 규제가 강화되는 것은 맞지만, 규제당국이 시시콜콜하게 영업행위와 구체적인 금융업무에 대해 들여다보고 감독해선 안 된다. 우리 금융은 한 번도 영미권 금융산업처럼 시장만능주의에 빠진 적이 없지 않은가. 오히려 외환위기를 계기로 더욱 감독자 중심, 즉 관료 중심의 규제를 강화했다. 건전성 규제나 소비자 보호는 지금보다 더 총체적으로 강화해야 하지만, 금융산업의 자율성은 더 높아져야 한다.

향후 5년에서 10년간 세계 금융산업에 여러 규제가 가해지는 것은 피할 수 없을 것이다. 하지만 미국과 유럽의 금융회사가 머뭇거리고 있는 바로 이 시점이 우리 금융회사들이 글로벌 시장으로 뛰어들어야 할 기회이기도 하다.

최근 성장동력이 될 산업은 반도체산업처럼 특성상 투자규모가 크고 회수기간이 긴 고위험 고수익 투자가 대부분이다. 그렇기 때문에 사업에 대한 불확실성과 정보비대칭성이 커 고도의 금융기술이 필요하기도 하다. 새로운 성장동력산업은 기술이나 사업성을 평가하기 까다로워 과거처럼 담보나 실적 위주로 평가할 수도 없다. 투자의 규모와 회수기간이 대형화·장기화되어 위험이 큰 데 비해 우리 금융산업은 아직 규모가 작고 이를 관리할 시스템도 취약한 실정이다. 민간투자를 촉진하고 금융활성화를 위해 금융 파이낸싱 능력이 기업의 위험부담을 뒷받침해주는 제도적 여건을 만들어야 한다.

금융과 실물경제는 동전의 양면이다. 우리 금융이 규모와 경쟁력에서 실물경제 수준과 맞먹게 커야 절름발이 경제를 면할 수 있다. 지금은 세계 어디를 가도 우리 제조업을 대표하는 다국적 기업의 광고 전광판이 보인다. 하지만 우리 기업이 다국적화하는 순간 우리나라 은행과는 거래가 끝나버린다. 자금조달력이나 네트워크가 크게 부족하기 때문이다.

이제 금융산업도 글로벌 경제에 걸맞은 우리 식의 역동적 발전방향이 나와야 한다. 1960년대 많은 이들의 반대 속에서 고속도로를 만들었던 그 정신으로 돌아가서 금융산업을 제도적으로 더 키워 나가야 할 것이다.

매번 우려되는 점이 없는 것은 아니다. 미국, 일본, EU 등 선진국들이 우리와 같은 분야의 산업을 육성하겠다고 나서고 있어서 경쟁이 더욱 심화될 가능성이 크다는 점이다. 예를 들어 유럽연합[EU]도 '지식유럽 건설'이라는 슬로건을 내걸고 종전에 소극적이던 산업육성정책 기조에서 벗어나 적극적인 산업육성정책을 펼치고 있다. 2002년부터 2006년까지 5년간 지식기반경제 건설을 위해 정보통신, 생명공학, 나노기술 등 첨단 분야 과학기술 활동에 R&D 예산 175억 유로를 투자하였는데 2007년부터 2013년까지 7년간 그보다 3.8배나 증가한 670억 유로를 투입할 계획이다.

선진국들조차도 경쟁력을 높이기 위해 R&D 분야 지원을 강화하고 해당 분야의 원천기술을 조기 선점하겠다는 의지를 불태우고 있다. 판만 달라졌다 뿐이지 과거 1인당 국민소득 60달러에서 시작해 35년 만에 1만 달러로, 그리고 다시 2만 달러로 가는 과정에서 거친 무수한 난관을 다시 넘어야 할 때다.

누누이 강조하지만, 한국경제 앞에 놓인 환경은 과거보다 훨씬 어렵다. 국민들은 국가경제에 대한 기대수준이 너무 높고 정부가 할 수 있는 일과 역량이 제한되어 있다는 것은 받아들이지 못하고 있다. 국민이 원하는 일자리 창출과 복지 수준을 모두 만족시킬 수는 없겠지만 궁극적으로 이를 만족시켜 나가기 위해서 정부의 거시정책 목표는 성장을 지원하는 방향으로 가야 한다. 성장 없이는 정부가 주도하는 어떤 정책도 효과를 기대하기 어렵기 때문이다.

대외 불확실성을 면밀히 점검해 가면서 추가적인 총지출 확대 등 성장을 염두에 두면서 경기대응력을 제고하는 방향으로 경제를 운용해야 한다. 재정지출을 무조건 확대하지 말고, 공공 고용 인프라 구축과 잠재성장률을 제고할 수 있는 분야에 재원을 집중하고 SOC 투자 확대는 사업비 위주로 재원을 배분해야 한다.

또 고령화와 저출산 등 잠재성장률과 밀접한 관계가 있는 분야의 법규와 제도를 개선하여 간접적인 방식으로 민간이 주도하는 경제성장정책을 추진해야 한다. 이미 GDP의 4%에 육박해 세계적 수준에 오른 R&D투자 등의 분야는 정부재원의 추가 투입보다는 효율성을 높이고 민간 역할을 강화하는 방향으로 해야 한다.

가계부채, 잠재성장률 저하, 고령화 등 소위 대차대조표형 장기침체가 진행 중이다. 가계부채 조정과 고령인구 증가 등은 불가피한 요인이지만 정책적 노력으로 완화할 수 있다. 고령층의 노후 불안을 해소하기 위해 연금제도를 강화하고 정년연장 등을 통해 노후준비 기간을 늘릴 필요가 있다. 고령층은 실물자산 의존도가 높다는 점을 고려해 주택연금을 확대하고 자산가치의 완만한 조정을 유도해야 한다. 가계부채 문제는 경기냉각이 길어질수록 가장 먼저 희생자가 될 노령자, 자영업자, 저소득자 등 가계부채 취약계층의 채무상환 여건에 초점을 맞추어야 한다. 이들의 부채가 부실화되는 것을 선제적으로 차단하려는 노력을 계속하면서 소득과 상환능력에 기반한 가계대출이 이뤄질 수 있도록 유도하는 한편, 개개인이 부채를 관리해야 한다는 메시지를 지속적으로 전달해야 한다.

단기적인 가계부채대책으로는 가계부채의 60%가 아파트 등 부동산 불황과 연계돼 있는 만큼 부동산 침체기를 빠르게 벗어나게 하는 정책이 정부나 가계, 금융, 기업 모두에게 필요하다. 시장침체에서 벗어나기 위해 공급조절이 필요하다. 최근 전월세 가격 상승은 아파트를 중심으로 발생하고 있는 만큼 금융위기 이후 시행해온 소형주택 공급 확대 정책에 대한 속도조절이 필요하며, 취득세 문제와 부동산 관련 세제도 종합적으로 검토할 필요가 있다. 반복적인 취득세

정책으로 시장 변동성만 키운 데다 세제 혜택의 기대감이 형성된 시장에서 세율이 복귀되더라도 추가인하에 대한 기대감으로 거래를 경색시킬 가능성이 높기 때문이다.

소비여력이 있는 상위 소득계층의 해외소비를 국내소비로 돌릴 수 있도록 고급 레저 및 관광시설을 늘리고 고부가가치 소비재 생산을 격려해야 한다. 사치성 소비와 소득양극화 등으로 인해 부유층 소비에 부정적 인식이 있지만, 규제 등으로 인해 지나치게 억제돼 있는 건 아닌지 점검할 필요가 있다. 특히 문화 서비스와 보건의료 서비스 등 고부가가치 분야지만 아직 성장하지 못하고 있는 분야에 대한 투자가 필요하다. 과도한 규제로 인해 다양한 서비스 공급이 제약을 받고 있는 만큼 이를 과감히 완화해 소비를 유도하는 정책이 필요하다.

특히 최근에는 고령화로 인한 헬스케어 부문에서 수요가 높아지고 있는데, 의료기관 개설 등에 대한 진입규제가 커 수요가 소비로 이어지지 못하고 있다. 그 외에도 선진국에 비해 높은 지가와 교통혼잡 등 불리한 여건을 감안해, 관광산업과 국민의 여가문화 수준을 높일 수 있는 숙박시설과 인프라 구축에 적극적인 지원책을 제공할 필요가 있다.

양지가 있으면 음지가 있듯이, 우리나라는 경제 성장 과정에서 경제기본권이 결여되고 빈곤층이 양산되었으며 빈부 간의 대립이 확대되었다. 이에 따라 "개천에서 용" 나는 일은 줄어들고 가난이 대물림되는 현상이 심화된 부분은 따뜻한 시선으로 살펴보면서, 한국경제의 성장엔진을 다시 힘차게 돌려야 할 때다.

Labor **C**apital **T**echnology **L**eadership **C**ulture